Die Glentleiten entdecken

Museumsführer für das
oberbayerische Freilichtmuseum

Impressum

Die Glentleiten entdecken. Museumsführer für das oberbayerische Freilichtmuseum.
Freilichtmuseum Glentleiten des Bezirks Oberbayern

Herausgegeben im Auftrag des Bezirks Oberbayern von Monika Kania-Schütz

Konzept: Monika Kania-Schütz und Claudia Richartz

Texte: Ariane Weidlich unter Mitarbeit von Melanie Bauer, Jan Borgmann, Jochen Eckert, Anna Göpfert, Jan-Philipp Heilgenthal, Maximilian Keck, Ines Klose, Beate Lohner, Claudia Richartz, Sophie Ruhl, Stephanie Steiner

Zeichnungen, Bildredaktion: Heike Inanger

Vollständig überarbeitete, stark erweiterte und neu gestaltete Ausgabe der dritten Auflage (1994) des von Helmut Keim und Franziska Lobenhofer-Hirschbold verfassten Museumsführers

Redaktion: Monika Kania-Schütz

Lektorat: Julia Blum-Linke

Schlusskorrekturen: Heike Inanger, Angelika König

Designkonzept und Layout: Andreas Linke/Worm und Linke, München

Druck: Ulenspiegel Druck GmbH & Co. KG, Andechs
Klimaneutral gedruckt VCU-20070719-20100718

ISBN 978-3-924842-33-8

Bibliografische Information der Deutschen Nationalbibliothek
Die deutsche Nationabibliothek verzeichnet diese Publikation in der Deutschen Nationalbibliografie, detaillierte bibliografische Daten sind im Internet über http://dnb.de abrufbar.

1. Auflage 2017

Inhalt

Ein Übersichtsplan des Museumsgeländes mit den Gebäudenummern befindet sich in der hinteren Umschlagklappe!

Die Nordpfeile an den Grundrisszeichnungen geben die Situation am ursprünglichen Standort wieder.

Kursivierte Begriffe im Text sind im Glossar erläutert.

Bei kursiv großgeschriebenen Begriffen handelt es sich um Hausnamen.

Abkürzungen:
EG = Erdgeschoss
OG = Obergeschoss
DG = Dachgeschoss
Jh. = Jahrhundert
(i) = inschriftlich datiert
(d) = *dendrochronologisch* datiert

Herzlich willkommen an der Glentleiten

Liebe Besucherinnen und Besucher, liebe Leserinnen und Leser,

seit seiner Eröffnung 1976 können Besucherinnen und Besucher am Freilichtmuseum Glentleiten in einem traumhaft gelegenen Areal gleichsam durch die Alltagsgeschichte Oberbayerns spazieren und dabei ein Bild davon gewinnen, wie die Menschen einst ohne den Komfort und die Sicherheiten unserer Zeit gewohnt und gelebt haben. An den ausgestellten Gebäuden, die an ihrem ursprünglichen Standort abgetragen und im Museum originalgetreu wieder errichtet wurden, ist nachvollziehbar, wie die Bewohner damals ihre Häuser bestimmten Bedürfnissen angepasst haben, wie die Menschen sich an den Bedingungen ihrer Umwelt orientieren mussten und wie im Rückblick menschliches Handeln die Umwelt geprägt hat. So eröffnet das Museum fernab von jeder Idylle Einblicke in vergangene, oft raue Lebenswelten.

Die Hausbank an der Südseite des Bichl-Hofs lädt zum Verweilen ein.
Bild links: Ausblick vom Balkon des Weißenbachgütels.

Bauen, Wohnen und Arbeiten – die zentralen Themen des Freilichtmuseums stellen die arbeitenden Menschen im ländlichen Oberbayern, ihren Alltag und die Entwicklung kultureller Kompetenzen in der Vergangenheit in den Mittelpunkt. Eine Vielfalt kulturhistorischer Themen verknüpft sich mit einem biografischen Ansatz, dem der Alltag von Menschen zugrunde liegt, die sich selten schriftlich geäußert haben. Ihr Leben, Arbeiten und Handeln findet deshalb kaum Niederschlag in den gängigen Geschichtsbüchern. Es ist der Alltag des überwiegenden Teiles unserer Vorfahren, der im Museum anhand von Exponaten dargestellt wird.

Die Architekturexponate sind einzigartige Zeugnisse historischer Kulturleistungen, die Einrichtung der Häuser erzählt uns viel darüber, wie die Menschen früher gelebt und gearbeitet haben. Wohn- und Wirtschaftsteile, Ställe und Werkstätten enthalten weitgehend originales Mobiliar, ursprüngliche Ausstattungsstücke und Geräte. Dazu kommt der engere Hausumgriff mit Gärten, Wiesen und Wegen, der dem Aussehen am ursprünglichen Standort soweit nachgebildet ist, wie es das topografisch anspruchsvolle Gelände der Glentleiten zulässt.

Im oberen Teil des Museumsgeländes der Müller-Hof aus Hofolding.

Bei den Werdenfelser Heustadeln eröffnet sich ein Panoramablick auf das Alpenvorland.

Die Lage des Museums erlaubt beim Rundgang immer wieder beeindruckende Ausblicke in die Voralpenlandschaft. Auf nahezu 40 ha erstreckt sich das Museumsareal auf einer Fläche, die selbst Quelle für historisches Wirtschaften ist: Die Bauern der umliegenden Dörfer nutzten sie als Weide- und Mähgrund, bevor Anfang der 1970er Jahre damit begonnen wurde, ein Freilichtmuseum zu errichten. Bis heute weist das Gelände zahlreiche natürliche Spuren der ehemaligen Bewirtschaftung auf, deren Erhaltung, Pflege und Erläuterung genauso zu den Aufgaben des Museums gehört, wie die Haltung regionalspezifischer Tierrassen nach historischem Vorbild.

Im Freilichtmuseum Glentleiten sind die Exponate in funktionalem und räumlichem Bezug zueinander angeordnet, so dass sich den Besucherinnen und Besuchern viele Zusammenhänge von selbst erschließen. Unterschiedliche Medien und Methoden vermitteln aber auch an Stellen, wo diese ganzheitliche Präsentation nicht ohne zusätzliche Informationen auskommt: Auf dem Gelände sind unter anderem Texttafeln direkt in den Häusern oder an zentralen Informationspunkten angebracht, es gibt Wegweiser, die Gebäude über Themenpfade miteinander verbinden, oder Projekthäuser, die zum Anfassen und Entdecken einladen. Sonderausstellungen und Veranstaltungstage, Seminare und Workshops sowie von sachkundigen KulturvermittlerInnen begleitete Rundgänge ergänzen das museumspädagogische Angebot.

Am Anfang aller Museumsarbeit steht unabdingbar wissenschaftliche Forschung, die, wie hier an der Glentleiten, die Grundlage für den Ab- und Wiederaufbau eines Gebäudes und die anschließende Vermittlungsarbeit liefert. Auf den wissenschaftlichen Ergebnissen basierend kann dann z. B. die Entscheidung gefällt werden, in welchem Zeitschnitt das jeweilige Exponat gezeigt wird oder welches Thema bei der Präsentation im Zentrum stehen soll. Die gründliche Erforschung und Dokumentation des vorgefundenen Bestandes und die Dokumentation aller durchgeführten Sicherungs- und Bauarbeiten sorgen dafür, dass die überlieferte Bausubstanz ihren Quellenwert behält und sich alle Maßnahmen langfristig nachvollziehen lassen. Auch mit den übernommenen Ausstattungsstücken wird in dieser Weise verfahren. Dazu kommen archivalische Recherchen und die Befragung von Gewährspersonen, um eine sozialhistorische Einordnung vornehmen zu können. Auf diese Weise wird sichergestellt, dass die überlieferte Substanz später noch Antworten auf jeweils neu auftauchende Fragen geben kann. Genau in dieser Arbeitsweise liegen die

Die Glentleiten aus der Vogelperspektive mit Blick über das Kochler Moor Richtung Schlehdorf. In der rechten Bildhälfte sind Kochelsee und Jochberg zu erkennen.

Aktualität von Freilichtmuseen und ihre gesellschaftliche Bedeutung. Der geschilderte Forschungs- und Dokumentationsaufwand schafft langfristig gültige Werte, indem er Sachgut und das Wissen um diese Gegenstände sichert, um beides auch für künftige Generationen bereitzuhalten.

Das Freilichtmuseum Glentleiten präsentiert heute mehr als 60 historische Gebäude und verfügt über das größte Archiv alltagshistorischen Sammlungsguts im südlichen Oberbayern. Fast 80.000 dokumentierte Objekte umfasst die Sammlung. Dazu kommen Ton- und Bildquellen sowie ein umfangreiches Planarchiv.

Das Museum, vom Bezirk Oberbayern als zentrales oberbayerisches Freilichtmuseum geplant, befindet sich nach wie vor im Aufbau. Heute erfüllt es zum einen die Aufgabe, den bisher erreichten Bestand baulich zu erhalten und thematisch zu aktualisieren. Zum anderen hat es sein Ziel, exemplarisch das vergangene ländliche Leben aller Regionen des Bezirks wissenschaftlich fundiert darzustellen, noch nicht erreicht. So sind z. B. aus dem nördlichen Oberbayern noch keine Architekturexponate zu sehen.

Das Freilichtmuseum hat also vielfältige Aufgaben und Funktionen. Als Gedächtnis der Region ist es ein Zentrum der Forschung und der Dokumentation von Alltagsgeschichte, ein Archiv materiellen und immateriellen Kulturguts, ein Ort der außerschulischen Bildung, der Begegnung und des Austauschs. Auf anregende Weise lässt sich hier eine Zeitreise in die Vergangenheit unternehmen. Das Museum erzeugt durch die sinnliche Nähe originaler Objekte nachhaltige Bilder vom Fortschreiten der Zeit, von Kontinuität und Wandel, von Untergang und Übergang. Es schafft Geschichte aus Geschichten, hebt in wechselnden Perspektiven Unbekanntes am vermeintlich Altbekannten hervor. Den Besuchern bietet es verlässliche Ein- und Überblicke zu den früheren Lebensverhältnissen in Oberbayern und je nach Interesse auch die Möglichkeit zu thematischer Vertiefung und zu Studien an Details. Dabei helfen alle Mitarbeiterinnen und Mitarbeiter des Museums, die ihr fachliches Können und Wissen einbringen, damit Sie an der Glentleiten immer wieder Neues entdecken und den Ausflug mit Leib und Seele genießen können. Betrachten Sie das Museum auch als einen Ort der Erholung in beeindruckend schöner Natur, an dem man im Wechsel der Jahreszeiten Ruhe finden kann.

Mit unserem neuen Museumsführer laden wir Sie ein, die historischen Gebäude, ihre Einrichtungen und die sie umgebende Kulturlandschaft ganz neu zu entdecken. Am vorliegenden Buch haben viele mitgewirkt, denen ich an dieser Stelle meinen herzlichen Dank für die gemeinsame Arbeit aussprechen möchte. Die reich bebilderte Lektüre gibt einen aktuellen Überblick über alle Architekturexponate der Glentleiten, regt aber zur Auseinandersetzung mit ausgesuchten übergeordneten Themen an. Wir wünschen Ihnen viel Freude beim Rundgang mit diesem Begleiter.

Monika Kania-Schütz,
Leiterin des Freilichtmuseums Glentleiten, und ihr Team

Das Freilichtmuseum Glentleiten und die Idee der Freilichtmuseen

Als der Bezirk Oberbayern das Freilichtmuseum Glentleiten am 15. Oktober 1976 eröffnete, war die Idee „Freilichtmuseum" schon fast 100 Jahre alt: Mit dem 1891 in Stockholm gegründeten „Skansen" realisierte man sie zum ersten Mal in Schweden. Die Gebäude, die damals auf die Halbinsel Djurgaerden transloziert wurden, sollten ursprünglich, unter der Leitung Artur Hazelius', die Sammlung eines Museums ergänzen, das seit 1880 „Nordisches Museum" hieß und die Kultur des norwegischen Volkes dokumentieren sollte.

Mit dem Ziel, regionalspezifische Bauten, die an ihrem Originalstandort den zeitgemäßen Funktionen des ländlichen Alltags nicht mehr gerecht wurden, für künftige Generationen zu bewahren, ließ Hazelius Häuser in ein dafür bestimmtes Areal überführen und ausstatten. Bis heute ist „Skansen" (dt. die Schanze) die allgemeine Bezeichnung vor allem in osteuropäischen Ländern für einen Museumstyp, in dem Gebäude mitsamt ihrer Einrichtung präsentiert werden. Dieses Vorbild regte zunächst in Skandinavien eine Reihe weiterer vergleichbarer Gründungen an.

Der Hintergrund war stets derselbe: Gesellschaftliche und technische Veränderungen führten zur Aufgabe althergebrachter Wirtschaftsweisen. Lang Überliefertes und Tradiertes schien unwiederbringlich zu verschwinden, kulturell wertvolles Wissen über bestimmte regionaltypische Bauweisen, die ursprüngliche Nutzung von Wohn- und Wirtschaftsräumen oder die Art des Wirtschaftens und Wohnens früherer Generationen drohte verloren zu gehen. So begann man, für typisch erachtete Gebäude auszuwählen, um sie der Nachwelt in Gestalt eines Freiluft- oder Freilichtmuseums zu erhalten.

Die ersten Gründungen verfolgten noch das „Parkprinzip": alle Gebäude wurden gefällig auf der zur Verfügung stehenden Fläche angeordnet. Durch folkloristische Aufführungen und die Ansiedlung von Tieren versuchte man, eine möglichst lebendige Atmosphäre zu schaffen. Später wurden auch größere Siedlungszusammenhänge in den Blick genommen, was zur musealen Errichtung ganzer Dörfer oder städtischer Ensembles führte.

Das erste Freilichtmuseum Deutschlands mit überregionaler Bedeutung, das Museumsdorf Cloppenburg, wurde 1934 in Niedersachsen gegründet. Für Bayern hatte Oskar Brenner, Ordinarius für Germanistik an

Auf dem Titelbild des Museumsführers von Skansen ist das 1891 historischen Vorbildern nachempfundene Eingangstor zu sehen. (Abbildung aus: Hermann A. Ring: Skansen friluftmuseet. Stockholm 1897)

der Universität Würzburg, schon 1904 die Einrichtung von drei Freilichtmuseen angeregt, wobei er über Standorte bei München, Augsburg und im Raum Bamberg/Nürnberg/Würzburg – also in den Regionen Oberbayern, Schwaben und Franken – nachgedacht hatte. Schließlich wurde dann 1955 im schwäbischen Illerbeuren auf eine private Initiative hin das erste Freilichtmuseum Bayerns eröffnet.

In Oberbayern wurde die Diskussion über die Einrichtung eines solchen Museums in den 1960er Jahren wieder aufgegriffen. Dabei ging es nicht nur um mögliche Standorte, sondern lange auch um die Frage, wer die Initiative für die Gründung dieser Einrichtung ergreifen sollte. Einen bedeutenden Anteil an dieser Diskussion hatte eine zunächst nicht organisierte Bürgerbewegung im Großraum München. Aus ihr entstand 1972 der „Freundeskreis Südbayern e. V.", der zu diesem Zeitpunkt aber noch keinen Bezug auf einen bestimmten Standort nehmen konnte.

Erst als der Bezirk Oberbayern als politischer Träger in die Verantwortung getreten war, nahm die Entwicklung ihren Lauf: Der am 22. Juli 1970 gefasste Gründungsbeschluss galt der „Errichtung eines Freilichtmuseums für altbayerische Volkskultur".

1972 wurde die Standortfrage entschieden, im August des selben Jahres ein Grundstück oberhalb Großweils „an der Glentleiten" erworben. Ein halbes Jahr später, am 1. April 1973, stellte man Ottmar Schubert, vormals Gebietsreferent für Oberbayern im Landesamt für Denkmalpflege, als ersten Leiter der aufzubauenden Institution ein. Am 24. Juli erfolgte der Spatenstich und nach nur dreijähriger Bauzeit fand 1976 die Eröffnung und damit die Übergabe an die Öffentlichkeit statt.

Mit Beschluss vom 7. Juli 1981 übernahm der Bezirk Oberbayern zusätzlich das aus einer Vereinsgründung heraus entstandene „Bauernhausmuseum Amerang". Es wurde als Zweigmuseum angegliedert und so arbeitet das Museum seit dem 1. Februar 1982 an zwei Standorten mit unterschiedlichen Aufträgen: Während das Freilichtmuseum Glentleiten als zentrales oberbayerisches Freilichtmuseum einen umfassenden Einblick in den ländlichen Alltag der Menschen Oberbayerns geben soll, konzentriert sich die Darstellung im Bauernhausmuseum Amerang auf die Regionen Chiemgau und Rupertiwinkel.

Der Bezirk Oberbayern mit seinen Landkreisen und den Standorten des Freilichtmuseums Glentleiten und des Bauernhausmuseums Amerang.

Die Region Oberbayern

Heute erstreckt sich Oberbayern geografisch vom Altmühltal im Norden bis zu den Alpen und der Grenze zu Österreich im Süden. Es reicht vom Lech im Westen, der den Übergang zu bayerisch Schwaben markiert, bis zum deutsch-österreichischen Grenzfluss Salzach im Osten. Den größten Anteil an der Gesamtfläche der Region nehmen das eiszeitlich geprägte, leicht wellige Alpenvorland mit seinen Seen und den Schotterebenen sowie die nördlichen Kalkalpen selbst ein. An die Münchner Schotterebene grenzen die verbliebenen Flächen des Dachauer und des Erdinger Mooses, außerdem große Forstgebiete, wie der Ebersberger Forst. Weiter nördlich beginnt das ober- und niederbayerische Tertiärhügelland. Hier gibt es fruchtbare Böden und so prägt bis heute beispielsweise der Hopfenanbau die Hallertau. Das Donaumoos, ein weites Moorgebiet, das bereits im 18. Jahrhundert trocken gelegt wurde, begleitet die Donau. Nach Franken hin schließt die Region mit dem Altmühltal und Anteilen an den Ausläufern der fränkischen Alb ab.

Landschaftlich reizvoller Blick an der Flachsbrechhütte.

Oberbayern, benannt nach dem oberen Flussabschnitt der Isar, ist der größte Regierungsbezirk Bayerns. Er besteht aus 20 Landkreisen und den drei kreisfreien Städten München, Ingolstadt und Rosenheim. Die Hauptstadt Bayerns und des Regierungsbezirks ist München, hier lebt allein ein Drittel der ca. 4,3 Millionen Einwohner der Region.

Der Begriff Oberbayern als Bezeichnung einer politischen Einheit geht historisch auf die erste bayerische Landesteilung im Jahr 1255 zurück. Damals hob man das Herzogtum Oberbayern-München aus der Taufe, das allerdings räumlich nicht deckungsgleich mit dem heutigen Oberbayern war. Als Folge des Landshuter Erbfolgekriegs (1504/05) verschwand Oberbayern mit der territorialen Wiedervereinigung des Herzogtums Bayern zunächst wieder von der Landkarte. Der heutige Zuschnitt Oberbayerns geht schließlich im Wesentlichen auf die Neuorganisation des bayerischen Staates zu Beginn des 19. Jahrhunderts zurück. Zu dieser Zeit bescherten die Auflösung des „Heiligen Römischen Reiches deutscher Nation" und die Säkularisation Oberbayern den Zugewinn des Bistums Freising mit der Grafschaft Werdenfels sowie des zuvor dem Fürstbistum Salzburg angehörenden Rupertiwinkels und der ehemaligen Fürstpropstei Berchtesgaden. Nachdem Bayern 1806 zum Königreich aufgestiegen war, reformierte man zwei Jahre später das Staatsgebiet nach französischem Vorbild und teilte es in 15 Kreise ein, die nach Flüssen benannt waren. Dabei entstand der „Isarkreis" mit der Hauptstadt München. 1837 verfügte König Ludwig I. eine weitere Neueinteilung Bayerns. Aus dem „Isarkreis" wurde der „Kreis Oberbayern", ungefähr in den heutigen Grenzen. Lediglich die bayerische Gebietsreform 1972 brachte noch Änderungen mit sich: Oberbayern gewann vor allem den fränkischen Landkreis Eichstätt sowie Teile des ehemaligen Landkreises Neuburg und musste kleinere Gebiete an die umliegenden Regierungsbezirke abgeben.

Oberbayern, die ehemals fränkischen und schwäbischen Gebietsanteile ausgenommen, bildet den südwestlichen Teil Altbayerns. Dieses Kerngebiet des späteren bayerischen Staates stellt mit Blick auf die Herrschaftsverhältnisse bereits früh ein relativ einheitliches Gebiet dar. Das Adelsgeschlecht der Wittelsbacher bemühte sich seit seiner Belehnung mit dem Herzogtum Bayern im Jahr 1180 erfolgreich um den Ausbau der Landeshoheit.

Auf niedrigerer Herrschaftsebene zeigte sich dagegen eine starke Zersplitterung. Es gab Gebiete, in denen der Landesherr auch die niedere und mittlere Gerichtsbarkeit innehatte und Dienstrekrutierungen, Steuereintreibungen oder Musterungen durchführen lassen konnte. Auf der anderen Seite wurden diese Rechte in vielen so genannten Hofmarken von Adeligen und Klöstern eigenständig ausgeübt. Zudem bestand eine weitere Aufspaltung der Zuständigkeit im Bereich der Grundherrschaft. Häufig gehörten die Felder in einer einzigen Gemeinde unterschiedlichen kirchlichen und weltlichen Grundherren. Zur Bemessung der Abgabenhöhe diente seit dem 15. Jahrhundert ein Hoffußsystem, das die Anwesen nach Größe und Ertragsfähigkeit klassifizierte.

Bereits im 13. Jahrhundert bildete sich in Oberbayern die Grundstruktur der rein bäuerlichen Anwesen im Wesentlichen heraus. Die hier verbreitete Form des *Erbrechts*, dem gemäß ein Hof als Ganzes auf nur einen Nachkommen übertragen wurde, und das Interesse der Grundherren, Hofstellen zum Erhalt ihrer wirtschaftlichen Leistungsfähigkeit möglichst nicht zu zerstückeln, verhinderten in der Regel den Zerfall der bäuerlichen Güter. Dadurch stieg aber auch bis weit in das 19. Jahrhundert hinein die Zahl der Landlosen in der Bevölkerung an.

Neben den bäuerlichen Betrieben gab es Anwesen, deren Bewohner nicht allein von der Landwirtschaft leben konnten und sich als Handwerker, Tagelöhner, Hausierer, im Bergbau oder im Transportwesen einen Zuverdienst erarbeiten mussten. Im Lauf der Zeit nahm die Anzahl der so genannten *Sölden* stark zu, so dass zum Ende des 17. Jahrhunderts über die Hälfte der ländlichen Haushalte auch im Gewerbe tätig war. Eine dezentrale Verteilung und eine im Vergleich zu anderen deutschen Regionen hohe Dichte von zumeist kleinen und kleinsten Betrieben ist für die oberbayerische vorindustrielle Wirtschaftsstruktur kennzeichnend.

Die Folgen der Säkularisation von 1803 führten auch in Oberbayern zur Auflösung von Klöstern und Hofmarken und beraubten zahlreiche Siedlungen im ländlichen Raum ihrer zentralen Funktion. Es setzte ein tiefgreifender politischer, wirtschaftlicher und sozialer Wandel ein, der unter anderem eine weitere Konzentration auf die Landeshauptstadt beförderte. Der Aufbau einer modernen Verwaltung und erster Eisenbahnlinien ab Ende der 1830er Jahre schafften die Grundlage für die industrielle Entwicklung, aber auch für die touristische Erschließung der Region. Diese begann

bereits zu Anfang des 19. Jahrhunderts u. a. mit dem Umbau des ehemaligen Klosters Tegernsee zu einer Sommerresidenz des bayerischen Königshauses, in dessen Folge das Tegernseer Tal eine wahre Sogwirkung auf Adel und Bürgertum entfaltete.

Der Ausbau der Industrie, vor allem im Raum München aber auch an anderen Orten Oberbayerns, wie z. B. in Rosenheim oder an den aufstrebenden Kohlenbergwerkstandorten im Oberland, wie Penzberg, trug im 19. Jahrhundert zum Bevölkerungswachstum bei. In der Landwirtschaft setzte man verstärkt auf Viehwirtschaft, einhergehend mit einer Expansion des Grünlandes. Nach Ende des Zweiten Weltkriegs erfuhr die Region einen weiteren Modernisierungsschub, auch durch den Zuzug von Heimatvertriebenen. Heute gehört Oberbayern zu den führenden Wirtschaftsstandorten in Europa.

links oben:
Arbeiter beim Schmelze Schöpfen im Ofenhaus der Aluminiumfabrik Töging am Inn um 1960. Dieses Werk wurde zu Beginn des 20. Jahrhunderts errichtet und ging 1925 mit rund 1000 Beschäftigten in Betrieb. Die Aluminiumhütte und das dazugehörige Kraftwerk veränderten Menschen und Landschaft am Inn nachhaltig.

links unten:
Ein Arbeiter der Aluminiumfabrik Töging bei der Feldarbeit in seiner Freizeit 1951.

Blick über den Kochelsee, im Vordergrund Salettl und Kegelbahn.

Das Museumsgelände

Das Freilichtmuseum Glentleiten liegt in einer Höhe von 680 bis 780 m ü.d.M. auf einer würmeiszeitlichen Moräne über der Loisach. Überragt wird es von Heimgarten (1.790 m) und Herzogstand (1.731 m) und bietet weite Ausblicke auf die umgebende Landschaft. Der Blick reicht von Schlehdorf über den Kochelsee bis nach Benediktbeuern mit der 1.801 m hohen Benediktenwand. Ihren Namen hat „die Glentleiten" von einer an das Museumsareal angrenzenden, mit Wald bestandenen Flächen die zur zur Loisach hin abfällt.

Das reich gegliederte, fast 40 ha große Hanggelände des Museums stellt beim Wiederaufbau der in das Freilichtmuseum translozierten, d. h. versetzten, historischen Gebäude aufgrund seiner Topographie besondere Anforderungen. Die aus verschiedenen Gegenden Oberbayerns stammenden Exponatgebäude sollen in ihrer neuen Heimat möglichst authentisch wieder errichtet werden. Dabei wird im Museum auch der direkte Hausumgriff, d.h. die gebäudenahen Flächen wie Gärten, Mistlegen oder Obstwiesen, rekonstruiert.

Die Häuser, Höfe und Mühlen im Freilichtmuseum Glentleiten wurden in lockerer Anordnung im Gelände verteilt aufgebaut. Dabei wurde keine größere historische Siedlungsstruktur, wie etwa ein Dorf, nachgebildet.

Der obere Geländebereich mit Hoderer-Hof, Getreidekasten und Kramerladen.

Jedoch werden kleinräumigere Siedlungszusammenhänge deutlich, wenn beispielsweise ein Hof zusammen mit dem auch ursprünglich zugehörigen *Austragshaus* wieder errichtet (Nr. 32 und 32a), ein Kleinanwesen mit seinen historischen Nebengebäuden gezeigt (Nr. 42) oder Gebäude zu einem idealtypischen Hofensemble gruppiert werden (Nr. 13, 13 a–c).

Das grundlegende Aufbaukonzept für das Freilichtmuseum Glentleiten entwickelte der erste Direktor des Museums Ottmar Schuberth auf der Basis einer Darstellung bayerischer Haus- und Hofformen des Hausforschers Rudolf Hoferer aus den frühen 1940er Jahren. Vor diesem Hintergrund orientiert sich die Nummerierung der Gebäude im Gelände an der Zugehörigkeit eines Hauses zu einer bestimmten „Hauslandschaft". Dieser in der Forschung mittlerweile kritisch gesehenen Begriff beschreibt bestimmte Kombinationen von Baumerkmalen eines Hauses (z. B. Form der Hofanlage, Wohnhausgrundriss, Bauweise), die in einer Gegend vorherrschen und so als typisch eingestuft werden können.

Das Ensemble des Fischerweber-Hofs mit Haupt- und Zuhaus, im Hintergrund Herzogstand und Heimgarten.

Die ländlich bäuerlichen Bauformen in einer Region wurden bis ins ausgehende 19. Jahrhundert hinein vielfach von Klima und Bodenbeschaffenheit beeinflusst, die sich auf die Wirtschaftsweise (z. B. Viehzucht, Ackerbau, Holzwirtschaft), aber auch auf die vorhandenen natürlichen Baustoffe (z. B. Naturstein, Lehm, Holz, Stroh) direkt auswirkten. Von Bedeutung für den Hausbau waren darüber hinaus auch Vorschriften der Obrigkeit oder die Zugehörigkeit der jeweiligen Bauherren zu einer bestimmten sozialen Schicht. Daneben muss bei der Betrachtung von regionaltypischen Bauweisen die zeitliche Dimension mit einfließen, denn im Lauf der Zeit können auch in einem kleinen Gebiet Wandlungen der Bauformen auftreten.

Da sich die beschriebenen Faktoren nur selten klar abgrenzen lassen, kann die Zuordnung der ländlichen Bauten zu bestimmten Hauslandschaften nur als Hilfsmittel gesehen werden, um die Vielfalt der Haus- und Hofformen zu strukturieren. Unabhängig davon ist jedes Haus ein Einzeldokument, geprägt von Generationen von Bewohnern, die es in Reparatur- und Umbaumaßnahmen mehr oder weniger stark verändert haben.

Vierseithof in Deutenhofen bei Altomünster im Dachauer Land, Aufnahme 1983

Chiemgauer Einfirsthof bei Sachrang, Aufnahme 1988

Berchtesgadener Zwiehof bei Ramsau, Aufnahme 1979

Hallertauer Einfirsthof in Enzelhausen, Aufnahme 1988

Der 1508 erbaute Bichl-Hof ist eines der ältesten Gebäude im Museum.

Die Struktur der Gebäudenummerierung

Die Struktur der Gebäudenummerierung im Freilichtmuseum Glentleiten ist an Bauformen und der regionalen Herkunft der Häuser orientiert. Ausnahmen bilden zwei thematisch zusammenhängende Baugruppen: Gebäude aus dem Bereich der Alm- und Forstwirtschaft sind mit einem „A" markiert. Bei Bauten, die dem ländlichen Gewerbe und der vorindustriellen Technik zugeordnet werden können, ist der Nummerierung der Buchstabe T vorangestellt. Außerdem findet sich bei Sakralbauten und Flurdenkmälern der Buchstabe S. Gesondert nummeriert sind zudem das Eingangsgebäude (Nr. E 1), die Museumsgaststätte im Bundwerkstadel aus Starkern (Nr. E 2) sowie die Kegelbahn und das Salettl aus Staudham (Nr. E 5).

Die ersten vier Gebäudegruppen der Wohn- und Wirtschaftsgebäude können verschiedenen Regionen zugeordnet werden: Nr. 11–18b dem Alpenvorland südlich von München, Nr. 21–25 der Gegend zwischen mittlerer Isar und Inn, Nr. 31–32a dem bayerischen Verbreitungsgebiet des „bayerisch-tirolischen Einhauses" im Alpenraum und Nr. 41–43 dem bayerischen Teil der als „Salzburger Flachgau" bezeichneten Hauslandschaft im südöstlichen Oberbayern.

In den genannten Regionen finden sich vorwiegend Einfirsthöfe. Bei diesen Häusern sind alle Funktionen unter einem gemeinsamen Dach vereint: Wohnen, Viehhaltung und die Lagerung von Viehfutter und der Getreideernte. Abhängig von der Hofgröße gibt es verschiedene Nebengebäude: *Kornkasten*, Back- und Dörrhaus, Flachsbrechhütte, *Austragshaus* (Altenteil) oder auch ein Brunnen. Die meist zweigeschossigen Höfe sind im Erdgeschoss gemauert und im Obergeschoss aus Holz errichtet: im Wohnteil in *Blockbau*, im Wirtschaftsteil meist in *Ständerbaukonstruktion*.

Gebäudenummer über der Eingangstür des Kleinanwesens aus Kerschlach.

Der Getreidekasten aus Ramsau gehört als freistehendes Nebengebäude zum Berchtesgadener Zwiehof.

Die Anordnung der Räume zueinander ist unterschiedlich. Im Wohnteil, mit *Stube*, Küche, Flur und Schlafkammern, gibt es zwei grundsätzliche Arten der Erschließung: Hauseingang und Flur liegen entweder an der *Traufseite* (Nr. 11, 12, 16, 21, 22) oder an der Giebelseite (Nr. 31–32 a, 41–43). Im Wirtschaftsteil liegt im Erdgeschoss stets der Stall und im Obergeschoss darüber die Scheune. Die Lage der *Tenne* ist verschieden: zwischen Wohnteil und Stall (Nr. 41, 43), hinter dem Stall (Nr. 22) oder auch, besonders am unmittelbaren Alpenrand als sogenannte Hochtenne, im Obergeschoss (Nr. 11–13, 16, 18, 31–32).

Eine weitere Gebäudegruppe, Nr. 51 a–54, zeigt die Bauformen im Berchtesgadener Land. Hier finden sich vor allem Zwiehof-Anlagen. Diese inneralpine Hofform besteht aus zwei Hauptgebäuden: dem Wohnhaus („Feuerhaus") und der Stallscheune („Futterhaus"). Als Nebengebäude kommen Getreidekästen, manchmal ein Backofen oder eine Flachsbrechhütte vor. Kleinere Anwesen werden hier vor allem als Einfirsthöfe errichtet.

Das östliche und nordöstliche Oberbayern wird in einer eigenen Gebäudegruppe repräsentiert (Nr. 61–65 a). Die typische Hofanlage für die Gegend zwischen Inn und Salzach ist der Vierseithof, wie auch im angrenzenden Niederbayern und in Oberösterreich. In der Regel liegt hier das Wohnhaus mit Rossstall an der Nordseite, gegenüber der *Stadel* mit *Tenne*. Eine *Remise* mit Getreidekasten sowie der Kuhstall schließen den Hofraum seitlich ab. Freistehende Nebengebäude sind Backofen, Flachsbrechhütte und manchmal ein zumeist älterer Getreidekasten. Insbesondere im Raum Wasserburg gibt es neben dem Vierseithof auch Zwei- und Dreiseithofanlagen. Kleinanwesen sind als Einfirsthöfe gebaut.

Aus dem südwestlichen, westlichen und nördlichen oberbayerischen Raum sind bislang drei Heustadel aus dem Werdenfelser-Land (Nr. 71 a–c) aufgebaut. Gebäude aus dem Landkreis Eichstätt, bis 1972 fränkische Region, zeigt das Freilandmuseum Bad Windsheim.

Rauchküche im
Deichl-Hof aus Höfen.

Haus und Hof

Wohn- und Wirtschaftsgebäude

Wohn- und Wirtschaftsgebäude

Zwei Drittel der mehr als sechzig Architekturexponate des Museums sind Wohn- und Wirtschaftsgebäude. Sie bildeten den Lebens- und Arbeitsmittelpunkt der ländlichen Bevölkerung und geben Einblicke in den Alltag vergangener Zeiten. Auf einem Anwesen oder sogar unter einem Dach finden sich Wohnräume, Stallungen, Lager für Viehfutter und Ernte, Werkstätten und *Remisen*. Die Form variiert. Es gibt Einfirsthöfe mit kleinen Nebengebäuden, aus Wohnhaus und Stallstadel kombinierte Zwiehofanlagen oder Drei- und Vierseithöfe.

Hof aus Sauerlach

Hausname: „Zehentmaier“
Gemeinde: Sauerlach
Landkreis: München
Erbaut: um 1637/38
Abbau: 1973
Eröffnung im Museum: 1976
Präsentationszeit: um 1700
Besonderheit: Museumshafnerei, Küche mit Rauchhur

Der Hausname *ZEHENTMAIER* ist ein Familienname und wurde von einem ehemaligen Bewirtschafter auf die Hofstelle übertragen. Die Geschichte des Gebäudes steht in unmittelbarem Zusammenhang mit einem europäischen Großereignis: Während des 30-jährigen Krieges setzten schwedische Soldaten mehrere Gebäude in Sauerlach, darunter auch den Vorgängerbau des Hofes, in Brand.

Durch die Kriegsereignisse kamen große Teile der Bevölkerung ums Leben. Die Folge für das ausgeblutete Land war eine Einwanderungswelle aus Tirol und Vorarlberg, und so gelangte der *ZEHENTMAIER* in den Besitz Tiroler Migranten, die den Hof 1637/38 wieder aufbauten. Für die Präsentation der Zeit um 1700 mussten bauliche Details wie Fenster, Stubenofen, Herd und *Rauchhur* rekonstruiert werden. Die Ausstattung der Räume erfolgte auf der Basis von zeitgenössischen Inventarlisten.

Federvieh in der Stube
Die *Stube* war der einzige rauchfreie, beheizbare Raum im Haus und damit zentraler Aufenthaltsort für die Bewohner. Der gemauerte *Ofen* mit integriertem Kupferkessel für warmes Wasser – der sogenannte *Höllhafen* – ist nach alpinen Vorbildern gebaut. Die einfachen Möbel sind ebenfalls Kopien. Bei Tieren in der Stube denken wir an Haustiere wie Katze oder Hund. Aber Hühner? Für uns heute eine befremdliche Vorstellung, für die es aber praktische Gründe gab: Hennen und Küken überlebten in der warmen Stube den Winter besser. Durch die geschickte Platzierung des Stalls an einer Außenwand konnte das Federvieh durch eine Öffnung, den „Hühnerschlupf“, direkt ins Freie. Manchmal waren kleine Geflügelkäfige direkt unter der Ofenbank eingebaut. Auch für die Kombination von Hühnerstall und darüber befindlichem Tellerbord („Schüsselrehm“) gibt es zahlreiche historische Belege.

Kochen im Rauch
Der *Zehentmaier* ist ein *Rauchhaus*. Das bedeutet, es gibt hier keinen Schornstein, sondern eine sogenannte *Hur*. Durch diesen Holzkasten zieht der Rauch in den Dachraum und von dort ins Freie. Über der Feuerstelle befindet sich ein Funkenfang aus lehmverputztem Flechtwerk, die *Kutte*. Im südlichen Oberbayern gab es noch im 18. Jahrhundert solche *Rauchhausanlagen*, wo auf der Herdstelle ein offenes Feuer zum Kochen brannte. Auch der Rauch aus dem Stubenofen wurde durch ein Loch in der Wand in die Küche geleitet – ein zugiger, verrauchter Ort, in dem man sich nur zum Kochen aufhielt. Die Ausstattung so einer bäuerlichen Küche um 1700, das erfährt man aus Schriftquellen, umfasste unter anderem kupferne und eiserne Pfannen, einen *Dreifuß*, hölzerne Krautfässer, Krüge und andere irdene Gefäße.

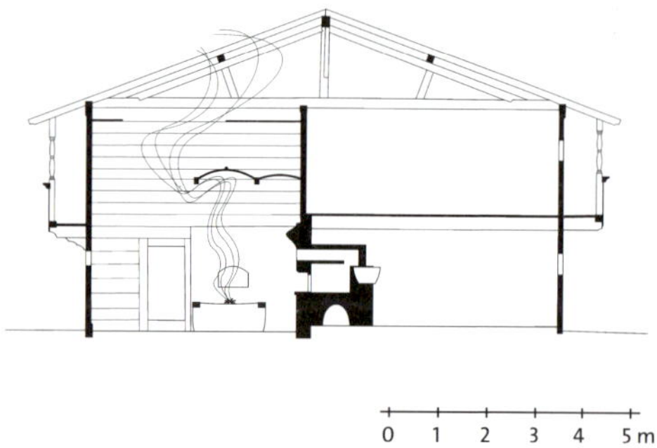

Querschnitt durch Rauchküche und Stube

Schlafen und Aufbewahren

Um 1700 lebten im *Zehentmaier* drei Generationen der Familie Koch (vier Erwachsene und mindestens ein Kind). Das große Kastenbett, eine Kopie, in der Schlafkammer zwischen Küche und *Stube* teilten sich vermutlich Eltern und Kinder. Damals bewahrte man seine Habseligkeiten – Kleidung, Stoffe, Wertgegenstände, Dokumente, aber auch Lebensmittel – in großen Truhen auf. Schränke wurden in bäuerlichen Haushalten erst im Lauf des 18. Jahrhunderts üblich. Die Schlaf- und Vorratskammer war nicht beheizt und deshalb die meiste Zeit des Jahres kühl, im Winter wurde es im wahrsten Sinne eiskalt.

Schlafkammer mit Kastenbett und Truhen. Die Truhe rechts ist in Schablonentechnik verziert und trägt die Inschrift „1664“. Vor dem Bett steht eine sogenannte Fuss- oder Einsteigtruhe.

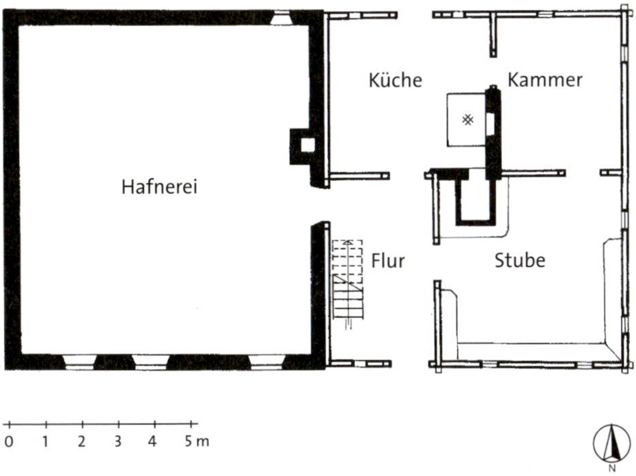

Schüsseln – Haferl – Krüge
1973 wurde der Wohnteil des *Zehentmaier-Hofs* abgebaut, der Wirtschaftsteil existierte schon damals nicht mehr und wurde deshalb beim Wiederaufbau ergänzt. Dort, wo einst der Stall war, befindet sich im Freilichtmuseum eine Hafnerei. In der Werkstatt mit traditioneller Töpferscheibe und modernem Brennofen kann man zusehen, wie ein Keramikgefäß entsteht. Die Gefäße werden auch zum Verkauf angeboten. Unter den traditionellen Formen finden sich viele typische Gebrauchsgegenstände, wie sie in Oberbayern im 19. Jahrhundert verwendet wurden.

Hof aus Hofolding

Hausname: „Müller“	
Gemeinde: Brunnthal	
Landkreis: München	
Erbaut: in der 1. Hälfte des 18. Jh.	
Abbau: 1971	
Eröffnung im Museum: 1981	
Präsentationszeit: um 1910	
Besonderheit: Thema „Wohnen im frühen 20. Jh.“; im OG eine „Gute Kammer“ mit Brautmöbeln vom Tegernsee	

Zum Wohnkomfort des *MÜLLER*-Hofs gehörte zu Beginn des 20. Jahrhunderts eine rauchfreie Küche (vgl. Nr. 11 *ZEHENTMAIER*), in der ein gekachelter Herd mit eigens heizbarem Wasserkessel die offene Feuerstelle ersetzte. Außerdem gab es fließendes Wasser, das seit ungefähr 1915 den Alltag erleichterte, etwas später stand den Bewohnern auch Strom zur Verfügung.

In der Küche steht ein *Sparherd*, er brauchte bis zu 80 % weniger Holz als eine offene Feuerstelle. Man konnte auf ihm kochen und gleichzeitig heizen: Von hier aus wurde der *Sesselofen* geschürt, der bis 1924 in der *Stube* stand. Auch die zwischen Küche und Stube liegende *Austragskammer* erhielt auf diese Weise etwas Wärme. In der nebenan liegenden Speisekammer wurden Vorräte aufbewahrt und Geräte abgestellt. Beide Tische der Küche, die Vorbank und ein Stuhl stammen aus der Originalausstattung.

In der Stube finden sich einige fest eingebaute Möbel, etwa die umlaufende Bank, die Ofenbank und der Klapptisch. Das Kruzifix gehört vermutlich seit bereits 1740 zum Inventar des Anwesens und stammt wohl aus einer Kircheneinrichtung.

„Da schau her“

Die Schlafräume im Obergeschoss geben Einblick in die soziale Hierarchie einer bäuerlichen Familie. Während die Elternschlafkammer zwar bescheiden eingerichtet war, aber immerhin einen kleinen Eisenofen hatte, standen in der Kinder- und Dienstbotenkammer nur die notwendigsten Möbel zur Verfügung. Sie bot drei Personen Platz. Dagegen war die *Gute Kammer* in erster Linie ein Schauraum. Hier bewahrte die Bäuerin ihre *Aussteuer* auf, schlafen durften dort nur Gäste.

Als das Museum im Jahr 1971 den Hof übernahm, existierte der Wirtschaftsteil bereits nicht mehr in der ursprünglichen Form. Er wurde deshalb im Museum neu aufgebaut und nimmt nun für Besucher nicht zugängliche Depoträume auf.

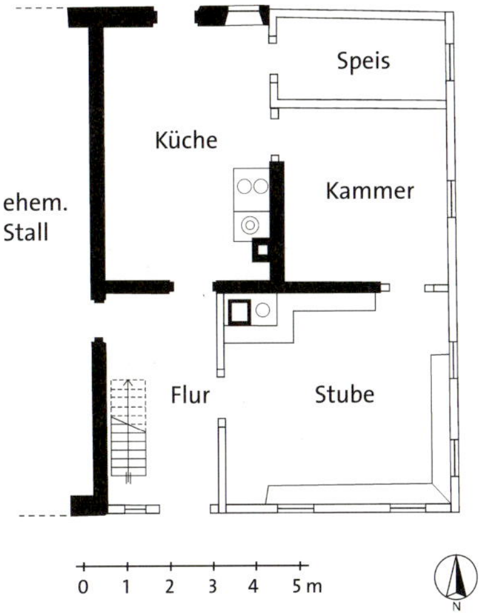

EG-Grundriss des Müller-Hofs. Der originale Wirtschaftsteil ist nicht erhalten, er wurde im Museum neu aufgebaut.

Sesselofen in der Stube vom Weberhäusl aus Straß.

Wohnkultur

In ländlichen Haushalten dominierten ursprünglich einfache Gebrauchsmöbel, die in der Regel aus günstig zu beschaffendem Holz gefertigt und entweder roh belassen oder schlicht angestrichen wurden. Bei der Herstellung standen stabile Konstruktion und Zweckmäßigkeit im Vordergrund. Die tagtäglich genutzten Möbel waren naturgemäß starkem Verschleiß ausgesetzt. Konnten sie nicht mehr repariert oder anderweitig genutzt werden, wurden sie in der Regel verheizt.

Im 18. Jahrhundert gehörte üblicherweise zur Grundausstattung eines Haushalts (auch einfacherer Anwesen) in der *Stube* zumindest ein Tisch mit umlaufender Bank und Vorbänken, außerdem häufig ein an der Wand befestigtes Rehm zur Aufbewahrung von Tellern und Schüsseln sowie eine Bank am fest eingebauten Ofen. In den Kammern standen einfache *Spannbetten*, Kasten- oder Himmelbetten, zur Verwahrung nutzte man Truhen, ab etwa 1700 auch Schränke („Kasten"). In der Küche befanden sich neben Feuerstelle und Küchengerät höchsten ein paar Kleinmöbel.

Im Lauf des 19. Jahrhunderts wurde in den meisten Häusern die offene Feuerstelle durch einen geschlossenen Herd ersetzt. Damit war auch dieser Raum rauch- und zugfrei und etablierte sich zur Wohnküche mit Tischecke nach dem Vorbild der *Stube*, die bis dahin der einzige rauchfreie Ort im Haus gewesen war. Jetzt hielt man sich tagsüber in der Küche auf, während die „Gute Stube" (das Wohnzimmer des 20. Jahrhunderts) für den Aufenthalt nach Feierabend reserviert war.

Rauchfreie Tischecke in der Küche vom Müller-Hof.

Man orientierte sich in der Wohnkultur an Vorbildern aus dem städtisch-bürgerlichen Bereich, und so konnte man beispielsweise im 19. Jahrhundert auch in ländlichen Anwesen Buffets zur Aufbewahrung des Geschirrs finden, in der Stube standen vielleicht eine Couch oder ein Kanapee und in den Schlafkammern Nachtkästchen am Bett.

In wohlhabenderen Haushalten wurden Möbel nicht selten mit einem repräsentativen Zweck verbunden: Im ländlichen Oberbayern brachte die Braut auf dem so genannten Kammer- oder Kuchlwagen eine möglichst prächtige und umfangreiche Ausstattung an Möbeln in die Ehe ein. Die „Ausfertigung" demonstrierte öffentlich, dass die Braut eine gute Partie war. Solche Repräsentationsmöbel bestellte man entweder eigens beim Schreiner oder aber man ergänzte ein bereits in der Familie vorhandenes Ensemble durch neue Stücke. Das ein oder andere Möbel musste vielleicht nur farblich aufgefrischt und dem Zeitgeschmack entsprechend überarbeitet, vielleicht noch mit den Initialen der Braut und dem Jahr der Eheschließung versehen werden.

Zur *Aussteuer* gehörten in der Regel zwei Betten mit Bettzeug, ein Schrank und eine Truhe gefüllt mit Wäsche, Leinenballen und Flachs sowie eine Wiege und ein Spinnrad. Die Hochzeitsmöbel wurden in der guten oder „gesperrten" Kammer aufgestellt, die nahezu ausschließlich der Repräsentation diente. Neben Textilien bewahrte man hier auch wertvollen Hausrat und Andenken auf. Die wertvollen und in der Familie hoch geschätzten Möbelensembles waren über mehrere Generationen weiter vererbt.

Bis zur Mitte des 18. Jahrhunderts wurden Möbel in ländlichen Einrichtungen in aller Regel höchstens lasiert oder einfarbig mit Schablonenmalerei verziert. Die Epoche der bunten, blumigen Möbelmalerei, die oft mit Oberbayern in Verbindung gebracht wird, beschränkt sich im Wesentlichen auf einen relativ kurzen Zeitraum von etwa 1760 bis 1850. Die zu dieser Zeit übliche kräftige Farbgestaltung der Möbel übernahm zumeist der Kistler, also der Schreiner selbst. An charakteristischen Eigenarten in der Gestaltung können bei diesen prunkvoll- und festlich wirkenden Möbeln verschiedene Werkstätten und Werkstattkreise unterschieden werden. Ab etwa der zweiten Hälfte des 19. Jahrhunderts kamen furnierte Oberflächen und günstigere Maserierungen in Mode und so dominierten auch wieder eher die Brauntöne in der Möbelherstellung.

Medaillon mit Mariendarstellung am Kopfteil des zum Brautmöbelensemble gehörigen Bettes im Müller-Hof.

Ein 1846 angefertigter
„Irschenberger Schrank“
gehörte ebenfalls zum Ensemble.

Ensemble Hoderer

Der Hoderer – eine idealtypische Hofanlage
Bauernhöfe waren vielfach noch bis ins 20. Jahrhundert hinein möglichst autarke Wirtschaftseinheiten. In den Einfirsthöfen befanden sich die Wohnräume der Hofbewohner, die Stallungen und die Bergeräume für Ernte und Viehfutter unter einem Dach. Auf kleinere Nebengebäude wie beispielsweise Getreidekasten, Backofen, Flachsbrechhütte oder *Austragshaus* wurden weitere Wirtschaftsbereiche verteilt.

Solche komplexen Systeme mit einem großen und mehreren kleinen Gebäuden existieren in dieser Form heute nicht mehr. Im Museum wird der Hof aus Kochel (13) zusammen mit einem *Kornkasten* (13a), einem Backhaus (13b) und einem Bienenhaus (13c) als idealtypische Hofanlage präsentiert: Die Gebäude stammen aus verschiedenen Orten und wurden im Museum nach historischen Vorbildern neu miteinander kombiniert.

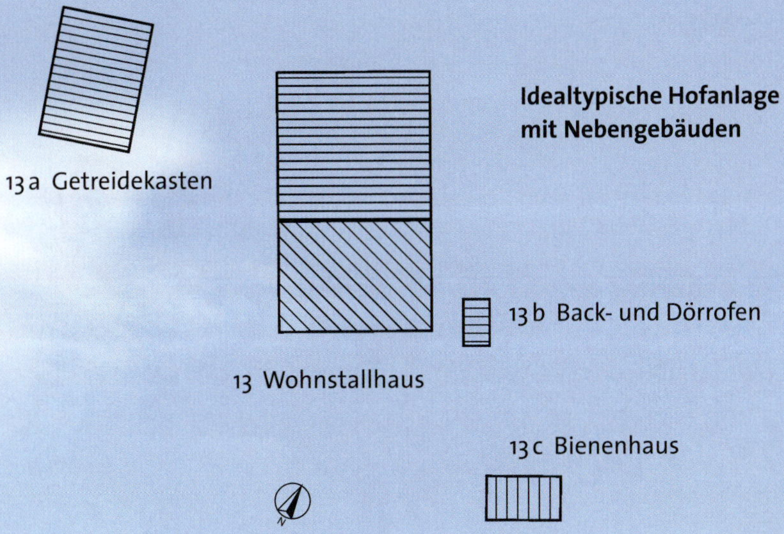

Idealtypische Hofanlage
mit Nebengebäuden
13 a Getreidekasten
13 b Back- und Dörrofen
13 Wohnstallhaus
13 c Bienenhaus
N

Hof aus Kochel

Hausname: „Hoderer“
Gemeinde: Kochel
Landkreis: Bad Tölz-Wolfratshausen
Erbaut: 1775 (i)
Abbau: 1970/1971
Eröffnung im Museum: 1976
Präsentationszeit: Einrichtung um 1920; Feuerstelle mit Rauchhur um 1775
Besonderheit: erstes Exponatgebäude im Museum, idealtypische Hofanlage

Der *Hoderer-Hof* aus Kochel war 1973 das erste im Freilichtmuseum Glentleiten wieder aufgebaute Exponatgebäude. Das Ensemble aus Haupthaus und verschieden großen Nebengebäuden zeigt einen Bauernhof, der als selbständige Wirtschaftseinheit funktioniert. Hausgarten und Zaun entsprechen der ursprünglichen Situation vor Ort.

Die Besitzer des *Hoderer-Hofs*, der zur Grundherrschaft des Klosters Benediktbeuern gehörte, lassen sich bis ins späte Mittelalter zurückverfolgen. In den Quellen ist das Anwesen als *Viertelhof* verzeichnet. Im Jahr 1761 fiel der Hof, zusammen mit anderen Anwesen in Kochel, einer Feuersbrunst zum Opfer und musste danach neu aufgebaut werden.

Das Gebäude besteht im Erdgeschoss aus Mauerwerk. Der Wohnteil im Obergeschoss ist als *Blockbau* errichtet, der Wirtschaftsteil in *verschalter Ständerbauweise* ausgeführt. Während das Haus als Ganzes den Zustand Anfang des 20. Jahrhunderts zeigt, ist in der Küche eine offene Feuerstelle und eine *Rauchhur* für die Zeit um 1775 nachgebildet.

Der erste Spatenstich am 24.7.1973 an der Glentleiten durch den damaligen Bezirkstagspräsidenten Georg Klimm. Das Stangengerüst markiert den Bauplatz des Hoderer-Hofs.

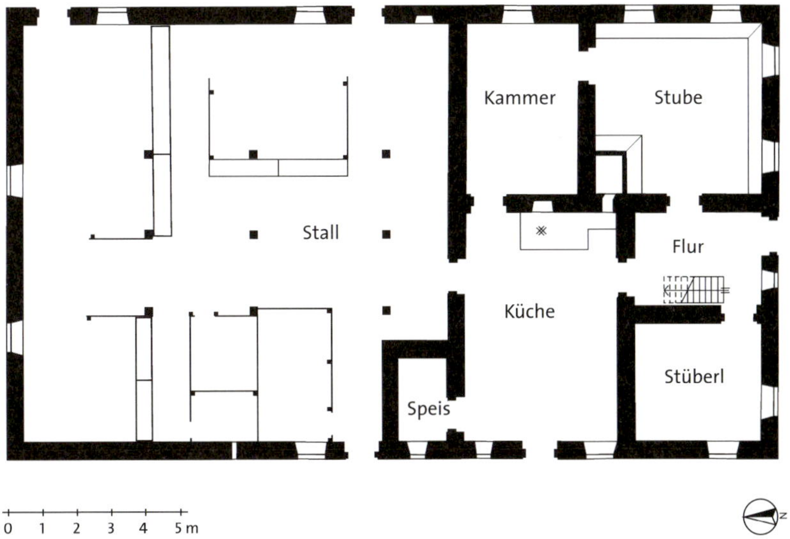

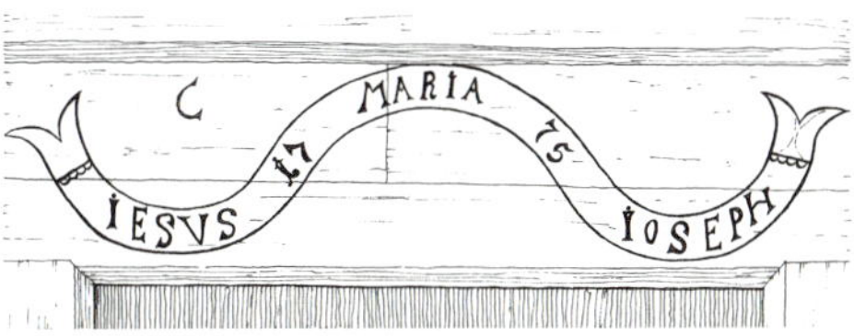

Inschrift am Sturzbalken der Balkontür. Die Zahl „1775" steht für das Erbauungsjahr des Hofs.

Das Haus des Bürgermeisters
Einer der Bewohner des *Hoderer-Hofs* war 20 Jahre lang (1882 bis 1902) Bürgermeister von Kochel: Johann Eberl kaufte das Anwesen 1899 von der unverheiratet gebliebenen Elisabeth Krinner und zog mit seiner Familie ein. Um sich eine Vorstellung von der damaligen Größe des Hofes machen zu können, sei erwähnt, dass im Jahr 1902 zum Grundbesitz 2,13 Hektar Wiese, 5,5 Hektar Eggart (Ackerland) und 10,51 Hektar Mooswiese gehörten. Außerdem ist verzeichnet, dass um 1938 ein Pferd, sechs Kühe, zwei Ochsen, vier bis sechs Kälber, fünf bis sechs Schafe, ein bis zwei Schweine und um die 20 Stück Geflügel auf dem Hof gehalten wurden.

Zur Möblierung konnten die letzten Bewohner befragt werden. So entspricht sie nun in etwa dem Zustand um 1920. Neben der Küche befindet sich, etwas tiefer, die Speisekammer mit Vorratsgefäßen und *Brotrehm*. Der kleine Raum neben dem Flur diente als *Austragskammer*. Der Kachelofen in der *Stube* wurde im Museum rekonstruiert. Von der Stube aus und auch über die Küche gelangt man in die Schlafkammer der Eheleute.

Im Obergeschoss diente die *Gute Kammer* zur Repräsentation, sie wurde nur gelegentlich von Gästen bewohnt. In der Mädchenkammer schliefen die Töchter des Bauern, in der hinteren Kammer wurden Arbeitsgeräte, Mehltruhen und Vorratsgefäße aufbewahrt. An der anderen Seite befinden sich die „Buamakammer“ für die Söhne des Bauern und die Kammer für eine unverheiratete Verwandte. An Stelle der im Flur eingebauten großen hölzernen *Rauchhur* ist um 1920 ein *Deutscher Schlot* anzunehmen (siehe Themenkasten „Kochen im Rauch“ auf Seite 39).

Im Wirtschaftsteil wurde die Einrichtung des Stalls ebenfalls nach Angaben der ehemaligen Bewohner rekonstruiert. Sie ist nahezu ganz aus Holz und zeigt damit einen Zustand, der nur noch selten bis in die Mitte des 20. Jahrhunderts erhalten blieb. Die Scheune im Obergeschoss diente als Bergeraum für Getreide und Viehfutter.

Getreidekasten aus Prem

Hausname: gehörte zum „Denk"-Hof
Gemeinde: Prem
Landkreis: Weilheim-Schongau
Erbaut: 1622 (d), 1624 (i)
Remise und DG 1780 (d)
Abbau: 1972
Eröffnung im Museum: 1976
Präsentationszeit: 19./20. Jh.

Der Getreidekasten gehörte ursprünglich zum *DENK-HOF* in Prem. In Zeiten bäuerlicher Selbstversorgung war der *Kornkasten* als Lagerraum für ausgedroschenes Vorrats- und Saatgetreide von elementarer Bedeutung für die bäuerlichen Betriebe, vor allem für Höfe mit Ackerbau.

Ursprünglich war der zweigeschossige, in *Blockbauweise* errichtete Speicher freistehend. Erst durch einen Umbau entstand 1780 das heutige, deutlich größere Gebäude mit zusätzlichen Lagerflächen und einer *Remise* zum Unterstellen von Wägen.

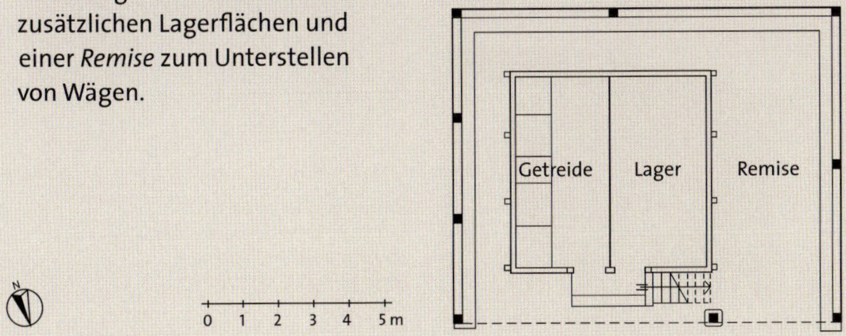

Back- und Dörrhaus aus Osterhofen

Hausname: gehörte zum „Glaser-Gütl"
Gemeinde: Königsdorf
Landkreis: Bad Tölz-Wolfratshausen
Erbaut: 1893 (i)
Abbau: 1997
Eröffnung im Museum: 2003
Präsentationszeit: 1990er Jahre

Zu den Nebengebäuden einer Hofanlage gehörten häufig freistehende Backhäuser. Wegen der hohen Brandgefahr schrieben Feuerverordnungen seit dem Ende des 18. Jahrhunderts vor, dass neu gebaute Backöfen mindestens neun Meter vom Wohngebäude entfernt stehen müssen.

Das Backhaus aus Osterhofen, in dem auch Obst gedörrt wurde, hat eine unabhängig heizbare „Darre", die noch bis Mitte des 20. Jahrhunderts genutzt wurde. Die letzten Besitzer buken bis in die 1990er Jahre gelegentlich Brot in dem Ofen.

Obst für den Winter

Lange war Dörren das einfachste Verfahren, um Obst ohne Zusatzstoffe haltbar zu machen. Beim Dörren entzieht Hitze den Früchten Flüssigkeit, wodurch die Zuckerkonzentration steigt. Bei trockener Lagerung hält sich Dörrobst über Jahre. Wird schonend getrocknet, bleibt der Nährwert weitgehend erhalten. Soweit als möglich wurde dabei auch die Restwärme des Backofens genutzt. Für eine gleichmäßige Trocknung wechselte man während des tagelangen Dörrvorgangs die einzelnen Schübe regelmäßig durch. Gegessen wurde Dörrobst roh, aufgekocht als Kompott oder, unter den Teig gemischt, im Kletzenbrot.

Ende des 19. Jahrhunderts wurden weitere Konservierungsverfahren entdeckt. Fortschritte in der Kühltechnik und Lebensmittelimporte verdrängten das Dörren schließlich in der zweiten Hälfte des 20. Jahrhunderts fast vollständig.

Darre des Backhauses mit Inschrift. Sie verweist auf das Baujahr und die Bauherren Franz und Barbara Jochner.

Gemeinde: Hohenpeißenberg	
Landkreis: Weilheim-Schongau	
Erbaut: um 1910	
Abbau: 1983	
Eröffnung im Museum: 2009	
Präsentationszeit: um 1960	

Bienenhaus aus Hohenpeißenberg

Mit einer Grundfläche von knapp 23 m² und einer Firsthöhe von rund vier Metern ist das Bienenhaus ein ausgesprochen stattliches Gebäude und im wörtlichen Sinn ein „Haus für Bienen", in dem bis zu 30 Bienenvölker Platz finden konnten. Besonders auffallend ist die farbig gestaltete Südseite.

Das Bienenhaus wurde um 1910 von dem Bergmann Kaspar Schöll und seiner Ehefrau Genoveva auf dem Grundstück errichtet, auf dem auch schon ihr Wohnhaus stand. Es handelt sich um einen eingeschossigen verschalten *Ständerbau* aus Holz mit Zierelementen und dekorativem Farbanstrich. Die Eingangstür sitzt in der östlichen Giebelwand, der Westgiebel ist mit Blechbahnen verkleidet. Auf der südlichen, zur Sonne hin ausgerichteten *Traufseite* befinden sich die Fluglöcher, farblich markiert und durch unterschiedliche geometrische Muster differenziert. Das Satteldach mit doppelter *Biberschwanzdeckung* wird von einer *Pfettenkonstruktion* getragen.

Die Imkerin
Auffällig ist, dass die Imkerei hier von einer Frau betrieben wurde. Damals, in der ersten Hälfte des 20. Jahrhunderts, war die Imkerei eine männliche Domäne und eine Imkerin etwas sehr Ungewöhnliches.
Als gebürtige Bauerntochter war Genoveva Schöll der Umgang mit Tieren, auch der mit Bienen, vertraut. Außer ihr gab es zu dieser Zeit in Hohenpeißenberg noch zwei weitere Imker: den Dorflehrer und einen Bauern.

Im Inneren des Hauses sind die Bienenkästen auf zwei Ebenen angeordnet. Auf den schwarz gefassten Feldern der Kastentüren konnten Notizen zur Entwicklung des Bienenvolks festgehalten werden.

Kleinanwesen aus Höfen

Hausname: „Deichl“
Gemeinde: Wackersberg
Landkreis: Bad Tölz-Wolfratshausen
Erbaut: 1557 (d), später mehrfach umgebaut
Abbau: 1973/74
Eröffnung im Museum: 1976
Präsentationszeit: um 1900
Besonderheit: Handwerksvorführungen zum Weben

Das Weben war früher ein weit verbreitetes Handwerk. Im Freilichtmuseum befinden sich gleich drei Gebäude, deren Bewohner sich als Weber ein Zubrot verdienten. Eines davon ist das *Deichlhäusl*, hier finden auch regelmäßig Vorführungen auf einem Handwebstuhl statt. Das Kleinanwesen verfügte über wenig Grund und einen sehr geringen Viehbestand. Die Landwirtschaft reichte nicht aus, um den Lebensunterhalt zu sichern. Deshalb arbeiteten die Bewohner zusätzlich als Taglöhner, Holzknechte oder eben als Weber.

Bei der Übernahme des Gebäudes ins Museum waren keine originalen Einrichtungsgegenstände mehr erhalten. Die im Freilichtmuseum für das Anwesen gewählte Ausstattung mit einem *Sesselofen* in der *Stube* und der Rekonstruktion einer offenen Feuerstelle in der Küche verweist auf die kargen Lebensbedingungen, wie sie um 1900 für *Kleinhäusler* durchaus noch typisch waren. Mehr als eine Kuh und ein bis zwei Ziegen dürften selten im Stall gestanden haben, vielleicht hielten sich die *Kleinhäusler* noch ein paar Hühner.

Der erste verzeichnete Weber auf dem Hof hieß Thomas Fux, er lebte um 1720 im *Deichl*. Dann sind erst wieder für das 19. Jahrhundert Bewohner belegt, die auf dem Anwesen das Weber-Handwerk betrieben.

Heute finden im Erdgeschoss regelmäßig Webvorführungen statt, die den Besuchern anschaulich das traditionelle Handwerk näher bringen. Hier sind auch Informationen zur Leinenherstellung zu finden. Den langen Weg vom Flachsanbau zum fertig gewebten und gefärbten Leinenstoff kann man vom Flachsfeld (zwischen Haus Nummer 32 und T11) über die Flachsbrechhütte (24) bis zum Färbergarten vor dem *Deichl* erkunden.

Die Leinenweber hatten nur im Spätwinter, wenn die Flachsernte versponnen war, für wenige Monate Arbeit, und ihre Einkünfte waren sehr gering. Für eine Familie reichte dieser Nebenverdienst übers Jahr nicht aus. Daher war es für sie notwendig, im Sommer ein weiteres Handwerk auszuüben oder zusätzlich als Taglöhner zu arbeiten. Frauen und Kinder mussten Hilfsarbeiten ausführen.

„Gold spinnen" – Stoffe als Geldanlage

Leinen war neben Loden und Tuch das gebräuchlichste Gewebe, diente der Repräsentation und als Zahlungsmittel. So demonstrierte man Reichtum zum Beispiel durch Qualität und Menge der Stoffvorräte und Textilien. Wäschegefüllte Schränke waren ein wichtiger Teil der *Aussteuer*. Auch zum jährlichen Dienstbotenlohn gehörten Kleidungsstücke oder eine bestimmte Menge Stoff.

Es gab Leinen von unterschiedlicher Qualität: Gutes „härenes" Leinen fertigten die Weber aus langfaserigem Flachs; aus kurzfaserigem Flachs wurde „wergene" oder „rupfene" Leinwand gewoben.

Kleinanwesen aus Kerschlach

Hausname: „Hirtenhaus“ oder „Beim Hirten“
Gemeinde: Pähl
Landkreis: Weilheim-Schongau
Erbaut: 1659 (d)
Abbau: 1983
Eröffnung im Museum: 1986
Präsentationszeit: um 1943
Besonderheiten: erstes Ensemble im Museum, Originalausstattung erhalten, Leben in Kriegsjahren

Dieses Kleinanwesen ist das erste Gebäude, das im Museum als Ensemble mit Nebengebäuden wieder aufgebaut werden konnte. Die Ausstattung ist zum Großteil original erhalten. Der Name der kleinbäuerlichen Hofanlage *Beim Hirten* ist seit 1760 in den Quellen belegt. Die Wohn- und Lebensverhältnisse in dem eingeschossigen Einfirsthof waren sehr einfach und blieben dies bis zum Auszug der letzten Eigentümer im Jahr 1962.

Ursprünglich war das Gebäude im Besitz des Klosters Andechs und diente als Unterkunft für Hirten. Im Zuge der Säkularisation verlor das Kloster seinen Besitz, auch die Schwaige Kerschlach wurde aufgelöst. Andrä Steindl, ein ehemaliger Pferdehirt, erhielt 1809 als Entschädigung für den Verlust seiner Stelle das kleine Hirtenhaus sowie drei *Tagwerk* Grund (etwa 1 Hektar). Im Laufe der Zeit wandelte sich das Haus zu einem kleinbäuerlichen Hof. Die Besitzer blieben jedoch weiterhin darauf angewiesen, eine zusätzliche Anstellung zu finden.

Erst Mitte des 19. Jahrhunderts kam es zu größeren Umbauten im Haus: Die Innenwände des *Blockbaus* wurden durch Mauerwerk ersetzt, die Fenster vergrößert und die *Stube* vertäfelt. Durch den Einbau eines *Deutschen Schlots* und einer Lichtnische mit *Rauchabzug* verbesserte sich der Wohnkomfort ein wenig. 1860 folgte der Anbau der *Tenne*. Doch auch wenn die Hofanlage im Laufe der Zeit um noch zwei Nebengebäude erweitert wurde – die Wohnverhältnisse blieben bis zuletzt äußerst beengt.

Frauenwirtschaft – das Hirtenhaus im 20. Jahrhundert

Die beiden Weltkriege beeinflussten das Leben im Hirtenhaus nachhaltig. 1915 fiel der 25-jährige Hoferbe Georg Dischner junior in Frankreich. Seine Witwe Serafine Graf, die eine Tochter mit in die Ehe gebracht hatte, bewirtschaftete den Hof nun zusammen mit ihrem Schwiegervater. Als dieser aber ein Jahrzehnt später arbeitsunfähig wurde, musste sie die Haus- und Feldarbeit allein verrichten. Nahezu 35 Jahre lang wurde das Anwesen nur von den Frauen bewirtschaftet. Serafines Tochter Kreszentia heiratete zwar 1939, doch vier Jahre später fiel ihr Mann, Johann Käs, in Russland. Jetzt war es Kreszentia, die 6,5 Hektar Grund allein zu unterhalten hatte, während ihre Mutter die Hausarbeit erledigte. Insgesamt versorgen sie vier Kühe, ein Kalb, einen Ochsen, ein Schwein und Hühner.

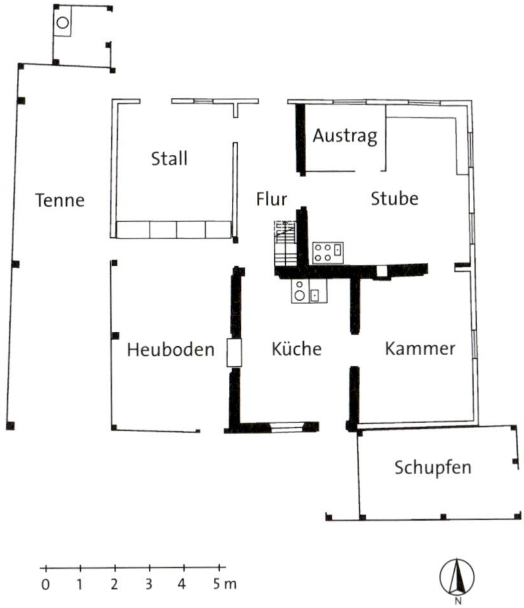

v. l. n. r.: Wendelin Stumpp, Johann Käs, Wendelin Stumpp jun., Serafine Dischner, Kreszentia Käs. Aufnahme ca. 1954

Im kleinen Hirtenhaus lebten mit den beiden Frauen zu dieser Zeit noch Kreszentias Sohn Johann Käs junior und der Großvater Georg Dischner senior. Letzterer schlief in der *Austragskammer*, ein von der *Stube* abgetrennter kleiner Bereich. Es herrschten weiterhin sehr einfache Verhältnisse. Petroleumlampen beleuchteten die dunklen Räume – elektrisches Licht sollte es hier erst ab 1947 geben. Weil der Hof nicht an die Wasserversorgung angeschlossen war, musste das Wasser mühsam mit einer gusseisernen Pumpe aus dem vier Meter tiefen Brunnen in der Küche herauf gepumpt werden.

1949 heiratete Kreszentia Käs ihren zweiten Mann Wendelin Stumpp. Nach dem Auszug der Familie 13 Jahre später stand das ehemalige Hirtenhaus mit einer kurzen Unterbrechung bis zur *Translozierung* ins Freilichtmuseum im Jahr 1983 leer.

Gemeinde: Pähl
Landkreis: Weilheim-Schongau
Erbaut: 1914, 1922 verlängert
Abbau: 1985
Eröffnung im Museum: 1986
Präsentationszeit: um 1943

Stadel aus Kerschlach

In dem eingeschossigen Kleinanwesen *Beim Hirten* (15) herrschte stets Platzknappheit. Weil das Haupthaus nicht mehr erweitert werden konnte, baute der Hofbesitzer Georg Dischner senior daher 1914 einen *Stadel*, der ein paar Jahre später (1922) noch einmal erweitert werden musste. Er diente der Lagerung von Heu und Stroh.

Mit seinem ausladenden Vordach ähnelt dieser *verschalte Ständerbau* den kleinen Scheunen, die noch heute zum Teil das Bild der voralpenländischen Moorwiesen prägen. Inzwischen funktionslos geworden, verschwinden sie allerdings zunehmend aus dem Landschaftsbild.

Hausname: „Mirzn“
Landkreis: München
Erbaut: 1791 (d)
Abbau: 1975
Eröffnung im Museum: 1976
Präsentationszeit: um 1900
Besonderheit: „Haus zum Entdecken“ für Kinder

Kleinanwesen aus Grünwald

Unser *Haus zum Entdecken* für Kinder und Jugendliche präsentiert sich unter dem Motto „Anfassen erwünscht!“. Hier sind die Besucher – vor allem die jüngeren, aber auch die größeren – eingeladen, sich spielerisch auf eine Zeitreise zu begeben und an interaktiven Rätselstationen Fragen rund um das Leben und Wohnen vor hundert Jahren zu lösen. Das *Mirzn-häusl* zeigt die ländliche, karge Wohnsituation von Kleinbauern und Tagelöhnern um 1900, die nur wenig Land und Vieh besaßen.

Wie haben die Menschen zu Beginn des 20. Jahrhunderts gewohnt? Wovon haben sie gelebt, was haben sie gegessen? Welche Lichtquellen gab es und wie wurde damals geheizt? Wie stand es mit der Hygiene – ohne fließendes Wasser, ohne Dusche und Toilette? Hatte jedes Kind sein eigenes Zimmer oder wenigstens ein eigenes Bett?

Lebenswichtige Vorräte wie Getreide mussten gut vor Ungeziefer geschützt werden. Wer findet die Maus?

Für Spurensucher ...
Interaktive Stationen fordern zur Forscherreise in verschiedene Themengebiete auf. Mit wenig Text, dafür mit allen Sinnen, vor allem aber über das eigene Ausprobieren und Erkunden können sich die Kinder die Lebensbedingungen der Bewohner eines Kleinanwesens vor hundert Jahren erschließen. Die Rätselstationen sind als Rundgang durchs Haus angelegt und führen am Ende in die *Stube* zum „Tresor“. Im Mirznhäusl, dürfen alle Einrichtungsgegenstände angefasst, benutzt und ausprobiert werden. Man kann Schränke öffnen, sich ins Bett legen und sogar Kleider anprobieren.

An der Riechstation ist eine feine Nase gefragt: Wer erkennt die Obstsorte, aus der Dörrobst zubereitet wurde?

... und Entdecker

Da 1975 zum Zeitpunkt des Abbaus von der originalen Inneneinrichtung nichts mehr erhalten war, wurden teilweise Kopien von Möbeln und Textilien aus früheren Zeiten angefertigt oder auch Ersatzgegenstände beschafft. Die jetzige Ausstattung zeigt exemplarisch eine Wohnsituation im *Kleinhäusleranwesen* um die Wende zum 20. Jahrhundert. Auch das Hausumfeld ist ins museumspädagogische Konzept integriert: Im Garten, der wie ein Hausgarten aus der Zeit um 1900 angelegt ist, dreht sich alles um das Thema Selbstversorgung – hier können die Kinder bei verschiedenen Aktionen selber pflanzen und ernten. Um ein Gefühl dafür zu vermitteln, wie Menschen und Nutztiere damals auf engstem Raum zusammen lebten, wurde der Stall im Haus – samt Misthaufen – in das sinnliche Erlebnis eingebunden.

Der Seiler muss darauf achten, dass mit der Seillehre die Fäden gleichmäßig fest zusammengedreht werden.

Neubau im Museum
Eröffnung im Museum: 1976
Präsentationszeit: 19./20. Jh.
Besonderheit:
Vorführungen zur Seilherstellung

Seilerwerkstatt

Die Einrichtung der Seilerei ist aus dem 19. Jahrhundert und stammt aus einer Werkstatt, die bis 1925 in Weilheim/Obb. in Betrieb war. Um sie in diesem Umfang ausstellen zu können, wurde im Freilichtmuseum eigens ein Neubau errichtet. Hier wird regelmäßig vorgeführt, wie ein Seil in Handarbeit entsteht.

Größe und Aussehen des neu errichteten Gebäudes orientieren sich an den Angaben des Seilermeisters Josef Kratzmair aus Weilheim. Er stiftete auch die Ausstattung, zu der Seilgeschirr, Seillehre und Seilwagen gehören. Ausgestellt sind außerdem Geräte zur Hanfbearbeitung.

Das Handwerk der Seiler war früher weit verbreitet, denn ihre Produkte waren in der Landwirtschaft, im gewerblichen Bereich sowie im Schifffahrts- und Fischereiwesen unentbehrlich. Der Seiler fertigte neben vielfältigem Schnurmaterial vor allem Zügelleinen, Kälberstricke, Seile zum Anbinden des *Wiesbaumes* auf dem Heuwagen, Aufzugsseile für das Bauhandwerk, Glockenseile für Kirchen und Seile für die Flößerei und Schifffahrt. Im Zuge der Industrialisierung drängte die mechanisierte Seilherstellung das Handwerk im 19. Jahrhundert zurück und die Seilherstellung in Handarbeit wurde unrentabel.

Den Rohstoff des Seilerhandwerks lieferte der Hanf, dessen Fasern sich aufgrund ihrer Länge und Reißfestigkeit besonders gut zur Herstellung von Seilen eigneten. Sind die Fasern zu Fäden versponnen, werden diese mithilfe von Seilgeschirr und Seilwagen zu einer Schnur zusammengedreht. Wiederholt man dieses Verfahren, kann aus mehreren Schnüren ein Strick gewonnen werden und aus mehreren Stricken ein Seil.

Wohnhaus aus Siegertsbrunn

Hausname: „Mesner“
Gemeinde: Höhenkirchen-Siegertsbrunn
Landkreis: München
Erbaut: 1796
Abbau: 1973
Eröffnung im Museum: 1976
Präsentationszeit: Anfang 20. Jh.
Besonderheit: Kramerladen und Möbelausstellung in der „Guten Kammer“

So, wie sich der Einfirsthof aus Siegertsbrunn heute präsentiert, ist er eine Komposition nach ästhetischen Gesichtspunkten. Nur der Wohnteil stammt vom ursprünglichen *Mesner-Hof*. Der Wirtschaftsteil wurde beim Wiederaufbau im Museum nach einem Bauplan von 1912 mit Bauteilen unterschiedlicher Häuser neu aufgebaut. Im Wohnteil ist heute ein Kramerladen eingerichtet.

Schon die erste urkundliche Erwähnung verzeichnet 1538 den Mesnerdienst als Nebenerwerb auf dem Hof. Zu Beginn des 19. Jahrhunderts gelang es dem Besitzer, den Hof um zwei benachbarte Anwesen zu erweitern und den Grundbesitz zu verdoppeln. Der Hof wurde seitdem als Vollerwerbslandwirtschaft geführt. Der Grundbesitz lag 1905 bei 138 *Tagwerk* (etwa 47 ha). Anfang des 20. Jahrhunderts hielt man auf dem Hof zwei bis drei Pferde, 14 Kühe, ein Ochse, fünf bis sechs Schweine sowie 60 bis 70 Hühner.

Der *Mesner-Hof* an seinem ursprünglichen Standort. Gut zu erkennen ist der höhere Giebel des 1934 umgebauten Wirtschaftsteils, der nicht mit ins Museum übernommen wurde.

Stube und Küche sind nach Angaben der letzten Besitzerin eingerichtet. Seit etwa 1900 bestand Anschluss an die Wasserversorgung, das sparte den 100 Meter langen Weg zum Gemeindebrunnen. Bis das Haus 1913 elektrifiziert wurde, spendeten Petroleumlampen Licht. Die braun maserierte Fassung der Möbel in der *Stube* ist typisch für die dargestellte Zeit. Heute kann man hier beim Rundgang durchs Museum in der Brotzeitstube des Kramerladens eine gemütliche Pause verbringen.

In der *Guten Kammer* im Obergeschoss ist ein aus der Zeit um 1850 stammendes Möbelensemble ausgestellt, das dem „Obstädter Werkstattkreis" aus der Region um Ebersberg zugerechnet werden kann. Die *Gute Kammer* diente als Repräsentations- und Gästeschlafraum und war häufig mit wertvollen Möbeln ausgestattet, die zur *Aussteuer* der Braut gehörten.

Hochzeitsmöbel in der Guten Kammer.

Der Kramerladen

Im *Mesner-Hof* ist für die Museumsbesucher ein Kramerladen eingerichtet – dort, wo sich in Siegertsbrunn Schlaf- und Speisekammer befanden. Wie früher in Oberbayern häufig anzutreffen, ist der Laden nicht von außen zugänglich, sondern nur vom Flur aus. Der Ladentisch und die Regale im Kramerladen stammen aus Großweil. Die bemalte, hölzerne Ladenschlange über der Theke diente zum Aufhängen von Waren. Sie ist eine Dauerleihgabe des Heimatmuseums Tittmoning. Bis zur Mitte des 19. Jahrhunderts waren solche Ladenschlangen in Europa weit verbreitet. Die Landwirtschaft früherer Jahrhunderte zielte in erster Linie auf die Selbstversorgung der Hofbewohner ab. Allerdings konnte auf dem Hof nicht alles hergestellt werden, was man zum Leben brauchte. Produkte wie Salz, Zucker, Kaffee, Gewürze, Petroleum, Werkzeug und Kurzwaren kaufte die Landbevölkerung beim Kramer.

Getreidekasten aus Portenläng

Hausname: gehörte zum „Schwaiger"-Hof	
Gemeinde: Brunnthal	
Landkreis: München	
Erbaut: 1676 (d, i), späterer Anbau nicht datierbar	
Abbau: 1981	
Eröffnung im Museum: 1983	
Präsentationszeit: Anfang 20. Jh.	
Besonderheit: aufgemalte Ornamente und Baujahr über der Tür im OG	

Ungeziefer, Feuer, Feuchtigkeit – in der Zeit bis zur nächsten Ernte musste das Getreide vor vielen Gefahren bewahrt werden. Der Getreide- oder *Kornkasten* war daher das wichtigste Nebengebäude eines Hofs.

Neben Brot und Saatgetreide lagerten hier auch andere wichtige Vorräte wie Flachs und Daunen sowie Arbeitsgeräte und wertvolle Gegenstände. Häufig wurden Kornkästen im Bereich der Türen mit geschnitzten Ornamenten und Malereien verziert.

Im Obergeschoss des Gebäudes finden sich am Balken über der Tür mit schwarzer Farbe aufgemalte Ranken, ein geometrisches Muster und unter einem Kreuz die Jahreszahl 1676. In diesem Jahr wurde der Kornkasten aus Portenläng als zweigeschossiger *Blockbau* errichtet. Auf drei Seiten ist er von einem jüngeren Anbau in *Ständerbauweise* eingehaust; hier waren Wagen und landwirtschaftliches Gerät untergestellt. Da der Kornkasten abseits vom Wohnhaus lag, war die Feuergefahr reduziert. Exakt gezimmerte Blockwände mit dichten Fugen und hohe Schwellen erschwerten dem Ungeziefer das Eindringen. Zum Schutz vor Bodenfeuchte stand dieser Kornkasten auf Lagerbalken. Um Unbefugte fernzuhalten, waren die Türen mit aufwendigen Schlössern gesichert. Im Erdgeschoss lagerten in fest eingebauten Schüttkästen unterschiedliche Getreidesorten, im oberen Geschoss, auf dem „Schüttboden", wurde das Getreide zum Nachtrocknen ausgebreitet.

Auf dem Gelände des Freilichtmuseums ist der Getreidekasten dem *Mesner-Hof* (18) zugeordnet; ursprünglich gehörte er zum *Schwaiger-Hof* der Einöde Portenläng.

Backhaus aus Arget

Hausname: gehörte zum „Garner"-Hof
Gemeinde: Sauerlach
Landkreis: München
Erbaut: vor 1800, mehrmals verändert
Abbau: 1986
Eröffnung im Museum: 1987
Präsentationszeit: um 1930
Besonderheit: Backen im Museum

Der Ofen im Backhaus wird eingeheizt.

Auf dem Land war es bis etwa 1950 üblich, Brot selbst zu backen. Zu den Nebengebäuden eines Hofs zählten daher häufig Backhäuser, die aus Gründen des Feuerschutzes meist frei stehend errichtet wurden (siehe auch die Backhäuser 13 b, 31 a, 42). Das Backhaus aus Arget wird im Museum regelmäßig in Betrieb genommen.

Gemauert ist es aus Ziegeln und Kalktuff. Es besteht aus einem Vorraum und dem eigentlichen Backofen und besitzt einen gemauerten *Rauchabzug*. Das birnenförmige Backofengewölbe wurde im Museum aus neuen Ziegeln aufgebaut und mit Lehmmörtel vermauert. Dadurch kann der Ofen heute noch zum Brot backen genutzt werden.

Im Freilichtmuseum ist das Backhaus dem *Mesner-Hof* zugeordnet – in Arget gehörte es zur Hofanlage des *Garner*-Anwesens. Auf diesem Hof lebten Anfang der 1930er Jahre bis zu 17 Personen. Zu ihrer Versorgung wurden alle zehn bis vierzehn Tage etwa 20 Brotlaibe gebacken, jeder Laib wog drei bis vier Pfund. Der Ofen wurde auch gelegentlich zum Kuchen backen gebraucht, und im Herbst dörrte man darin Obst.

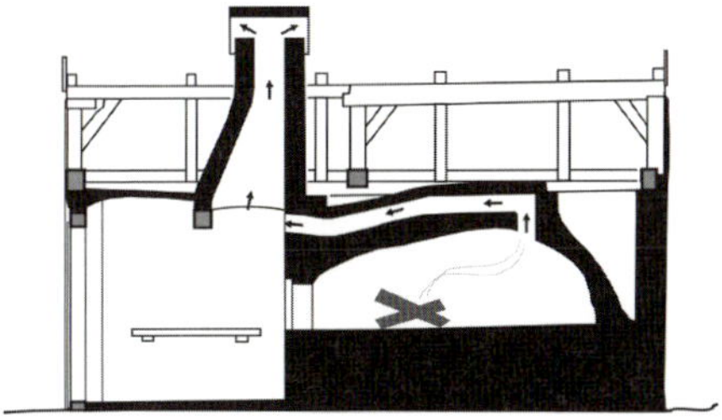

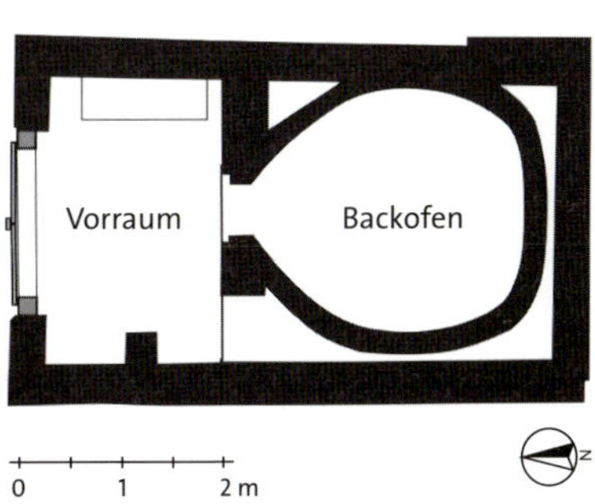

Brotbacken am Garner-Hof

Brotbacken für 17 Menschen – wie sah das aus? Das lässt sich dem Bericht Elisabeth Schapperers entnehmen, die den Ofen in Arget bis Ende der 1940er Jahre nutzte:

Das Backen begann am Vorabend mit dem Ansetzen des Vorteigs aus Hefe und Milch, dem sogenannten „Dampferl". Gelegentlich wurde auch ein Stück Sauerteig vom vorigen Backen dazugegeben. Früh am nächsten Morgen wurde Roggenmehl mit dem Vorteig und Milch vermengt und in einem Backtrog mit den Händen zu Teig geknetet. Als Gewürze kamen Kümmel und Koriander zum Einsatz.

Nachdem der Teig aufgegangen war, wurde er erneut geknetet. Jetzt musste der Ofen eingeheizt werden, dazu verwendete man zumeist Fichtenholz. Es dauerte etwa eine Stunde, bis der Ofen heiß genug war. Unterdessen wurde der Teig ein letztes Mal geknetet und dann in Laibe geformt, die man auf Backbretter legte und mit Wasser bestrich. Damit die Brotlaibe besser aufgingen, wurden sie mit dem Messer an den Seiten eingeritzt und mit einer Gabel mehrfach eingestochen.

Die Glut musste mit einem Glutscharrer im Ofen verteilt werden. Nachdem der Ofen feucht ausgewischt worden war, konnte man das Brot „einschießen". Dazu wurde es auf eine hölzerne Backschaufel gelegt und in den Backofen geschoben. Dort blieben die Laibe zwischen eineinhalb und zwei Stunden. Mit der Backschaufel holte man die Brote schließlich heraus und ließ sie abkühlen. Aufbewahrt wurden die Laibe auf einem luftig platzierten Gestell in der Speisekammer.

Zusammensetzung des Brotteiges für 8–10 Laibe je ca. 4 Pfund:
10 kg Roggenmehl
2 kg Weizenmehl
2 Würfel Hefe
200 g Sauerteig
50 g Koriander
150 g Kümmel
250 g Salz
ein wenig handwarme Milch
4–5 l Wasser

Kleinanwesen aus Brandstätt

Hausname: „Wagner“
Gemeinde: Edling
Landkreis: Rosenheim
Erbaut: 1825 (d);
Abbau: 1970er Jahre
Eröffnung im Museum: 1981
Präsentationszeit: zweite Hälfte 19. Jh.
Besonderheit: Inklusive Präsentation mit Aktivbereich; Werkstatt mit Vorführungen zum Wagnerhandwerk.

Wie viele Bauern waren auch die Bewohner dieses Hofs immer auf Nebenverdienste angewiesen, denn das Anwesen verfügte nur über sehr wenig Grundbesitz. Zeitweilig erwirtschafteten sie diese Einkünfte als Wagner. Als dann das Gebäude ins Freilichtmuseum übernommen wurde, richtete man im ehemaligen Stall eine Wagnerwerkstatt ein, in der regelmäßig Vorführungen stattfinden, um den Besuchern das heute kaum noch ausgeübte Handwerk nahe bringen zu können.

Auf dem Papier beginnt die Geschichte dieses Kleinanwesens im 17. Jahrhundert. Der erste urkundlich erwähnte Besitzer trug bereits den Namen Wagner, wenn auch nicht belegt ist, dass er tatsächlich diesem Handwerk nachging. 1753 wird dann in einem Inventar auch Wagnerwerkzeug erwähnt, um 1800 schließlich eine Werkstatt angebaut. Auf jeden Fall übten die Bewohner das Wagnerhandwerk nachweislich bis 1890 aus. Erst in den 1930er Jahren wurde die Werkstätte abgerissen.

In der Werkstatt gibt es regelmäßig Vorführungen zum Wagnerhandwerk.

Das Wagnerhandwerk auf dem Land
Der Wagner war früher ein wichtiger Handwerker auf dem Dorf: Er stellte alle Wagen her, die in der Landwirtschaft gebraucht wurden, sei es für den Transport von Futter, Getreide oder Personen. Vor allem Wagenräder anzufertigen erforderte eine solide handwerkliche Ausbildung und den Umgang mit speziellen Werkzeugen. Daneben war ein Wagner auch für die Herstellung zahlreicher landwirtschaftlicher Geräte wie Pflüge, Eggen und Schlitten, Schub-, Gras- und Mistkarren zuständig. Holzteile für Rechen, Sensen oder Äxte bezog man übrigens auch in seiner Werkstatt.

Ein Haus zum Hören, Fühlen und Begreifen
Konzeptionell verfolgt die Präsentation einen inklusiven Ansatz und wendet sich gleichermaßen an blinde oder sehbehinderte Menschen, an sehende Besucher sowie an Kinder. Inhaltlich gliedert sich das Gebäude in drei Bereiche: Wohnteil, historische Wagnerwerkstatt sowie ein Aktivbereich für Kinder. Objekte zum Anfassen, Audiostationen und Zitate illustrieren den Alltag in einem *Kleinhäusleranwesen*. Zusätzlich ermöglichen spezielle Orientierungshilfen und eine subtile Ausstellungsgestaltung ein barrierearmes Erlebnis. Aktivstationen führen an den Rohstoff Holz heran und erläutern Werkzeuge, Arbeitsschritte und Erzeugnisse eines Wagners. Hausumgriff und Garten wurden in die Entwicklung des inklusiven Rundgangs mit einbezogen.

Hof aus Altenbeuern

Hausname: „Bachl“ oder „Mesner“
Gemeinde: Neubeuern
Landkreis: Rosenheim
Erbaut: 1769 (i) + (d)
Abbau: 1981
Eröffnung im Museum: 1988
Präsentationszeit: 1950er Jahre
Besonderheit: Infopunkt „Heu & Milch“, Möbelausstellung im OG

Der Hausname *Bachl* leitet sich wohl von Pächl her, dem Namen der ersten urkundlich erwähnten Besitzerfamilie. Wahrscheinlich besaßen diese das Recht zu Pecheln, das heißt, sie durften Baumharz (Pech) sammeln und weiterverarbeiten. Neben *Bachl* ist auch der Hausname *Mesner* überliefert – der jeweilige Besitzer versah im Nebenerwerb das Mesneramt. Über 300 Jahre lang war dies immer ein Mitglied der Familie Meyl (Meyerl), die seit 1655 den Hof bewirtschaftete.

Der 1513 erstmals urkundlich erwähnte Bachlhof erhielt seine heutige Gestalt im Jahr 1769. Das Obergeschoss der Scheune ist ein *verschalter Ständerbau*, die anderen Gebäudeteile sind aus Bruchsteinmauerwerk errichtet.

Ein Radio in der Stube
Die letzten Bewohner des Anwesens verstarben kinderlos Ende der 1970er Jahre, die Erben verkauften den Hof. Als einzige originale Gegenstände dieses Haushalts hatten sich Uhr, Radio und Nähmaschine aus der *Stube* erhalten. Zur Ausstattung von Stube und Küche konnten nur noch Nachbarn und Besucher, die Zugang zum Haus hatten, Auskunft geben. Das Erdgeschoss wurde schließlich zeittypisch für die 1950er Jahre eingerichtet. Die Räume im Obergeschoss zählten zur Privatsphäre der ehemaligen Besitzer, Nachbarn hatten hier keinen Zutritt, weshalb die Ausstattung hier nicht dokumentiert werden konnte. Dafür werden hier nun in einer Ausstellung historische Möbel des 18. Jahrhunderts, unter anderem prächtige Schränke der Werkstatt Perthaler aus Degerndorf am Inn, präsentiert.

Die Ausstattung des Stalls ist, im Gegensatz zum Wohngebäude, noch original erhalten.

Beim Abbau fanden sich an der Giebelseite Spuren eines Balkons. Dieser wurde im Freilichtmuseum nach dem an der Eingangsseite noch vorhandenen Vorbild rekonstruiert.

Zum Leben zu wenig – notwendiger Nebenerwerb

Häufig reichten die Einkünfte aus der Landwirtschaft alleine nicht zum Lebensunterhalt, Grundbesitz und Stall gaben nicht genug für alle her. Die Menschen mussten deshalb einem Nebenerwerb nachgehen. Im Bachlhof hatte der jeweilige Besitzer seit 1635 das Recht, in der Kirche des Ortes den Mesnerdienst zu versehen. Aus dem Jahr 1744 ist auch ein Verzeichnis seiner Aufgaben überliefert: Als Mesner musste er die Glocken läuten, Oblaten und Weihrauch beschaffen und sogar als Totengräber arbeiten. Noch der letzte Hoferbe Johann Ev. Meyl übte bis in die 1950er Jahre das Mesneramt aus.

Der Bachl-Hofbesitzer und Mesner Johann Ev. Meyl sen. (1873–1950, rechts) bei der Ablieferung der Altenbeurer Kirchenglocken während des Ersten Weltkriegs.

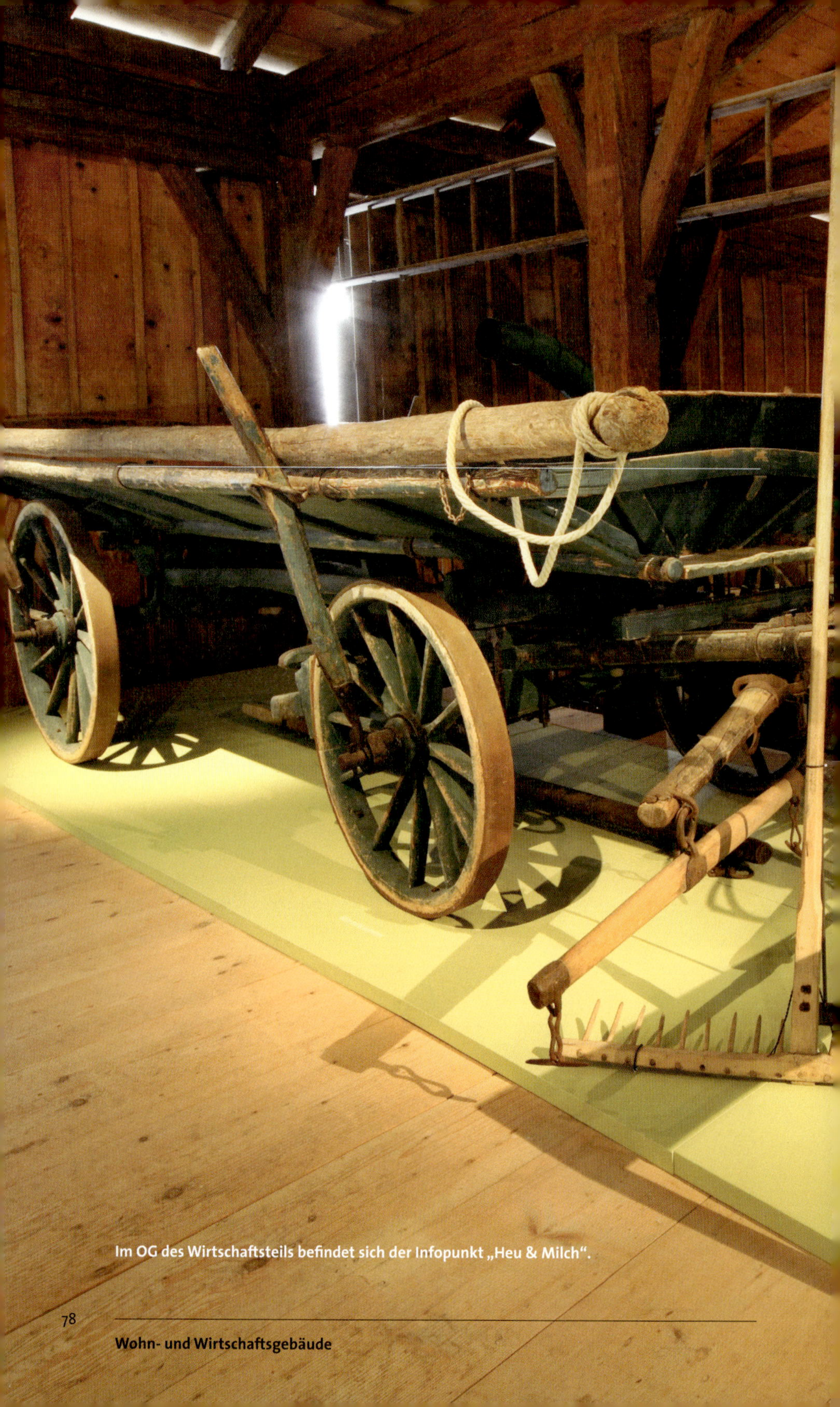

Im OG des Wirtschaftsteils befindet sich der Infopunkt „Heu & Milch“.

Infopunkt „Heu & Milch“

Im Wirtschaftsteil des *Bachl-Hofs* befindet sich der Infopunkt „Heu & Milch“. Hier und auf dem begleitenden Themenweg stehen Heugewinnung, Stallarbeit und Arbeitsschritte der Milchverarbeitung im Mittelpunkt – noch vor der Mechanisierung der Landwirtschaft.

Wiesen und Weiden prägen bis heute das Landschaftsbild Oberbayerns, besonders am Nordrand der Alpen. Das raue, niederschlagsreiche Klima dieser Region begünstigt die Nutzung von Grünland, und damit verbunden stehen Viehhaltung und Milchverarbeitung im Gegensatz zum Ackerbau hier auch landwirtschaftlich im Vordergrund. Die Milch wurde in der Regel auf den Höfen zu Butter, Butterschmalz, Topfen (Quark) und gelegentlich auch Käse weiterverarbeitet. Milch und Milchprodukte waren denn auch, neben Getreide, die wichtigsten Nahrungsmittel der ländlichen Bevölkerung.

Flachsbrechhütte aus Obereck

Hausname:
gehörte zum „Haasecker"-Hof
Gemeinde: Samerberg
Landkreis: Rosenheim
Erbaut: um 1810 (d)
Abbau: 1980
Eröffnung im Museum: 1990
Präsentationszeit: 1. Hälfte 20. Jh.
Besonderheit: Vorführungen zur Flachsverarbeitung

Flachs, auch Faser-Lein genannt, wird in Mitteleuropa bereits seit der Jungsteinzeit angebaut und ist damit eine der ältesten Nutzpflanzen. Sie war lange Zeit der wichtigste pflanzliche Rohstofflieferant für die Textilherstellung.

Die Verarbeitung der Flachsstängel nahm einen wesentlichen Platz im ländlichen Jahresablauf ein. Die „Brechlhütte" besteht aus der Dörrstube mit einem großen Ofen und einem offenen, überdachten Vorplatz, wo der gedörrte Flachs auf Brechelbänken gebrochen wurde. Das kleine Gebäude stand in Obereck auf dem Grund des *Haasecker-Hofs* und war im Jahr für rund eine Woche in Betrieb. Es wurde von insgesamt zehn Anwesen gemeinschaftlich genutzt.

Diese Aufnahme aus den 1930er Jahren zeigt eine Frau beim Flachsbrechen in Samerberg.

Der im Herbst geerntete Flachs wurde zunächst getrocknet und geriffelt. Dabei trennte man mit Hilfe eines „Riffelkamms" die Stängel von den Samenkapseln. Die Stängel breitete man anschließend im Freien aus, wo Feuchtigkeit während der „Tauröste" die Fasern aus den Stängeln löste. Im November wurde dann der Ofen in der Dörrstube eingeheizt. Der Ofen aus Obereck hat ein geschlossenes Gewölbe, der Rauch konnte durch die Schüröffnung entweichen. Ein Vorgewölbe sollte verhindern, dass der Flachs Feuer fängt. Sobald der Ofen heiß genug war, wurden die Flachsbündel im Nebenraum zwischen den hölzernen Auflagerstangen und der Stubendecke eingeschichtet.

Zwölf Stunden später konnte man dann mit dem Brechen beginnen. Nach dem „Grobbrechen" wurde der Flachs nochmals in der Dörrstube aufgeschichtet und anschließend „sauber

gebrochen". Im Winter folgte schließlich das Hecheln, dabei wurden die Flachsbündel mit einem Hechelkamm in feine Fäden aufgeteilt und letzte Holzreste entfernt. Geräte wie den Hechelkamm stellten die Dorfhandwerker oder Bauern selbst her. Mit dem Hecheln endete schließlich die langwierige Flachsbereitung vom Stängel zur spinnfähigen Faser. Zur dekorativen Aufbewahrung der glänzenden Garnstränge siehe Seite 57.

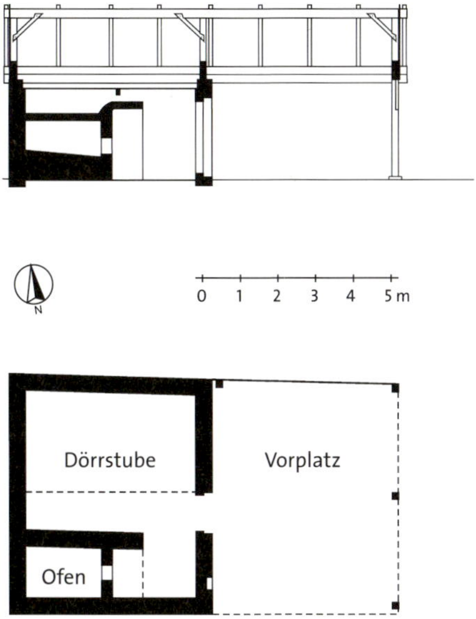

Blühender Flachs auf den Feldern des Freilichtmuseums. Dessen Verarbeitung wird im Rahmen der „Flachstage" im Herbst den Museumsbesuchern anschaulich vermittelt.

Bienenhaus aus Orthofen

Gemeinde: Bruckmühl
Landkreis: Rosenheim
Erbaut: Anfang des 20. Jh.
Abbau: 1980
Eröffnung im Museum: 1988
Präsentationszeit: Mitte 20. Jh.
Besonderheit: Ausstellung zur Bienenzucht

Die Bienenhaltung spielte in der bäuerlichen Selbstversorgung eine wichtige Rolle. Honig war nicht nur Süßstoff, sondern galt als wichtiges Heilmittel. Bis zu 16 Bienenvölker konnten in diesem Bienenhaus leben, jeder Bienenkasten fasste 20.000 bis 70.000 Bienen.

Auf der Südseite des *verschalten Ständerbaus* ist die Bretterwand zurückgesetzt, die Fluglöcher liegen auf diese Weise wettergeschützt unter dem Vordach.

Das Gebäude ist mit *Falzziegeln* gedeckt und mit Schmuckformen, Schnitzereien und Bemalungen im Stil der Zeit verziert. Die Kästen auf der Einflugseite wurden allerdings nicht zur Zierde so bunt gestrichen, die Farben dienen den Bienen zur Orientierung und helfen ihnen dabei, schnell und sicher den eigenen Stock zu finden.

Der Innenraum, früher wettergeschützter Arbeitsplatz des Imkers, beherbergt heute eine kleine Ausstellung typischer Gerätschaften der Imkerei. Die Tür befindet sich auf der nördlichen *Traufseite*. In Sichtweite zum Bienenhaus stehen moderne Bienenkästen. Hier wohnen die „Museumsbienen".

25

Kleinanwesen aus Rottau

Hausname: „Weißenbach-Gütl" oder „Kollenhäusl"
Gemeinde: Grassau
Landkreis: Traunstein
Erbaut: 1746 (i)
Abbau: 1990
Eröffnung im Museum: 1993
Präsentationszeit: um 1880
Besonderheit: Ausstellungen „ländliche Wasserversorgung" und „Köhlerei im südlichen Chiemgau"

Das *Weißenbach-Gütl* lag fernab von Rottau auf einer *Rodungsinsel* im Bergwald. Bis Ende des 19. Jahrhunderts verdienten die Bewohner dort ihren Unterhalt als Köhler, daneben betrieben sie eine kleine Landwirtschaft. Der Einfirsthof wurde 1746 in Mischbauweise aus Holz und Stein errichtet. Hier befindet sich auch die Dauerausstellung zur ländlichen Wasserversorgung.

Man betritt das Haus auf der Giebelseite, der mittig gelegene Flur führt zum Stall. Rechts des Flurs liegen *Stube* und Küche, links befindet sich eine Werkstatt, dahinter die Speisekammer. Der Keller unter der Werkstatt und das Erdgeschoss des Gebäudes sind gemauert. Im Obergeschoss wurde der Wohnteil als *Blockbau* errichtet, während der Heuboden traditionell eine verschalte *Ständerkonstruktion* ist.

Gewölbte „Rußkuchl" mit rekonstruierter Herdstelle. Ungewöhnlich ist der originale Wassergrand in der Außenecke, der direkt mit Quellwasser versorgt wurde.

Zum Staunen: die inszenierte Brunnenbaustelle in der Ausstellung „Wasserversorgung auf dem Land" durchschneidet zwei Geschosse.

Der Wohnbereich wird im Zustand um 1880 gezeigt: Die Räume sind zeittypisch ausgestattet, die eingebauten Wandkästchen in der Stube Originale. Die Küche hat ein Gewölbe aus Tuffstein, der offene Herd mit *Deutschem Schlot* wurde nach Spuren an der Wand rekonstruiert. Der steinerne Grand zeugt davon, wie man das *Weißenbach-Gütl* mit fließendem Wasser versorgte: Von einer 100 Meter entfernten Quelle wurde es mithilfe von hölzernen Rohren direkt in die Küche geleitet.

Als Ausstellungsraum für weitere Aspekte dieses wichtigen Themas „Wasserversorgung auf dem Land" dient hier im Museum der Wirtschaftsteil des Hauses. Dort erfährt man, dass ein Widder nicht unbedingt ein Schafbock ist, oder auch, wie früher ein Brunnen gebaut wurde.

Wegen der verputzten Wände wirkt der Wohnteil des Weißenbach-Gütls von außen wie ein kompletter Massivbau. Das Dach ist mit Legschindeln gedeckt.

Köhler im Weißenbach-Gütl

Die durch Quellen belegte Geschichte der Hofstelle ist älter als das Haus und beginnt 1671 mit Hanns Stephl von Kollen: Laut einem Steuerbuch besaß er eine *Sölde* und zwei Kühe, möglicherweise arbeitete er auch schon als Köhler – der Flurname „Kollen“ und die bescheidene Landwirtschaft deuten darauf hin. Der Hofname *Weissenpach* ist hingegen erstmals für das Jahr 1695 belegt.

Über die Aufgaben eines Köhlers im 19. Jahrhundert geben die Archivalien Auskunft: Von 1859 bis 1893 arbeitete ein Köhler namens Mathias Huber auf dem *Weißenbach-Gütl*, der im Durchschnitt 100 *Klafter* Holz (etwa 300 Ster) pro Jahr zu verkohlen hatte. Veranschlagt man 50 Klafter Holz für einen Meiler, waren das zwei Meiler im Jahr. Für den Transport der Kohle zu den Abnehmern war der Köhler selbst verantwortlich, die Lieferung erfolgte im Winter mit dem Schlitten. So genannte „Eßbraschen“, kleine gebrochene Holzkohle, konnte er an die Schmiede der Umgebung verkaufen. Das hochwertige Material wurde an die Eisenhütte in Bergen geliefert.

Die über 200 Jahre belegte Tradition des Kohlenbrennens auf dem *Weißenbach-Gütl* endet im Jahr 1893.

Köhlerei im Chiemgau

Im südlichen Chiemgau war die Köhlerei weit verbreitet. Die in der Region angesiedelte Eisenverhüttung hatte einen großen Energiebedarf, der bis zum Ende des 19. Jahrhunderts vor allem mit Holzkohle gedeckt wurde. Die Köhler vom *Weißenbach-Gütl* lieferten ihre Holzkohle an die Maxhütte in Bergen oder nach Eisenärzt.

Von staatlicher Seite gab es umfangreiche Vorschriften für Köhler, die dieser Tätigkeit als bäuerlichem Nebenerwerb nachkamen. Ihnen war genau vorgeschrieben, welches Holz sie schlagen durften und welche Menge sie zu verkohlen hatten. Auch die Lagerung und der Transport der Holzkohle waren streng geregelt. Die strikten Verordnungen hatten zwei Ziele: Einerseits sollte unkontrollierter Raubbau an der Ressource Wald verhindert werden, andererseits die Energieversorgung der Hüttenwerke gewährleistet sein.

Auch auf dem Gelände des Freilichtmuseums befindet sich ein Kohlplatz (T8). Hier wird regelmäßig im Sommer ein Kohlenmeiler aufgeschichtet und abgebrannt.

Backhaus aus Brand

Hausname: gehörte zum „Fellner"-Hof
Gemeinde: Ruhpolding
Landkreis: Traunstein
Erbaut: 18./19. Jh.
Abbau: 1983
Eröffnung im Museum: 1993
Präsentationszeit: 19. Jh.

Blick von der Giebellaube des Weißenbach-Gütls auf das Schindeldach des Backhäuschens.

Das Backhaus aus Brand gehörte ursprünglich zum *Fellner-Hof*, einem Einfirsthof bei Ruhpolding. Im Freilichtmuseum ergänzt es heute die Hofanlage des *Weißenbach-Gütls*, dessen Nebengebäude zur Zeit der Übernahme nicht mehr existierten.

Das Backhaus war – wie viele nicht mehr gebrauchte landwirtschaftliche Nebengebäude – ein klassischer Abbruchkandidat, als im November 1983 in einer Notbergung die Holzteile sichergestellt wurden. Die Ausstattung – Backofen und Waschkessel – existierte nicht mehr und wurde auch im Freilichtmuseum nicht rekonstruiert.

32

Hof aus Rottach-Egern

Hausname: „Fischerweber"
Gemeinde: Rottach-Egern
Landkreis: Miesbach
Erbaut: 1729
Abbau: 1993
Eröffnung im Museum: 2001
Präsentationszeit: 1930er und 1960er Jahre
Besonderheit: Ensemble aus Haupt- und Zuhaus (Nr. 32a). Zimmervermietung an Sommerfrischler

Im *Fischerweber* wurden bereits seit dem Ende des 19. Jahrhunderts Zimmer an Sommergäste vermietet. Neben der Landwirtschaft und der Zimmervermietung verdienten sich die Bewohner zusätzliches Geld mit der Weberei und der Schnapsbrennerei.

Das Erdgeschoss des Hofs ist in Massivbauweise errichtet, das Obergeschoss in verschalter *Blockbauweise* ausgeführt. Links vom Hauseingang geht es in die große *Stube*, rechts liegt das „Stüberl" und davor die große geräumige Küche. Von hier aus ist die *Austragskammer* erreichbar und auch der Stall mit Abort. Im Obergeschoss des Gebäudes befinden sich die Schlafkammern, über dem Stall die *Tenne*.

Das Ensemble des Fischerwebers mit Haupt- und Zuhaus. Die Markise und der Blumenschmuck auf dem Balkon, belegt durch historische Fotos, verweisen auf den bereits um 1900 einsetzenden Fremdenverkehr auf dem Hof.

Das „Stüberl" ist im Zeitschnitt der 1960er Jahre eingerichtet.

Im Wohnteil trifft man auf zwei Zeitschnitte: In den 1930er Jahren wurde ein Teil des Hauses im Sommer an großbürgerliche „Herrschaften" vermietet, die mit Kindern und Dienstboten für mehrere Wochen einzogen. Für sie war die große *Stube* im Erdgeschoss reserviert und die mitgereiste Köchin durfte selbstverständlich auch die Küche benutzen. Die Besitzer hielten sich einstweilen im kleinen „Stüberl" rechts neben dem Eingang auf. Im Winter war hier der Webstuhl aufgestellt.

Im Obergeschoss bezogen die Gäste gleich mehrere Schlafkammern. Im Kinderzimmer neben der Treppe ist Spielzeug ausgestellt, mit dem die Kinder der Bauernfamilie und deren Gäste gemeinsam spielten. Im ganzen Haus gab es nur sehr primitive sanitäre Einrichtungen, nämlich jeweils einen Abort im Stall bzw. oben im Durchgang zur *Tenne*.

Ab den 1960er Jahren wurde das Haus ausschließlich durch die Besitzerfamilie genutzt. Aus dieser Zeit stammt auch die Einrichtung des „Stüberls" im Erdgeschoss und eines der Schlafzimmer im Obergeschoss. Die Küche ist mit Kühlschrank und Elektroherd bereits sehr modern ausgestattet.

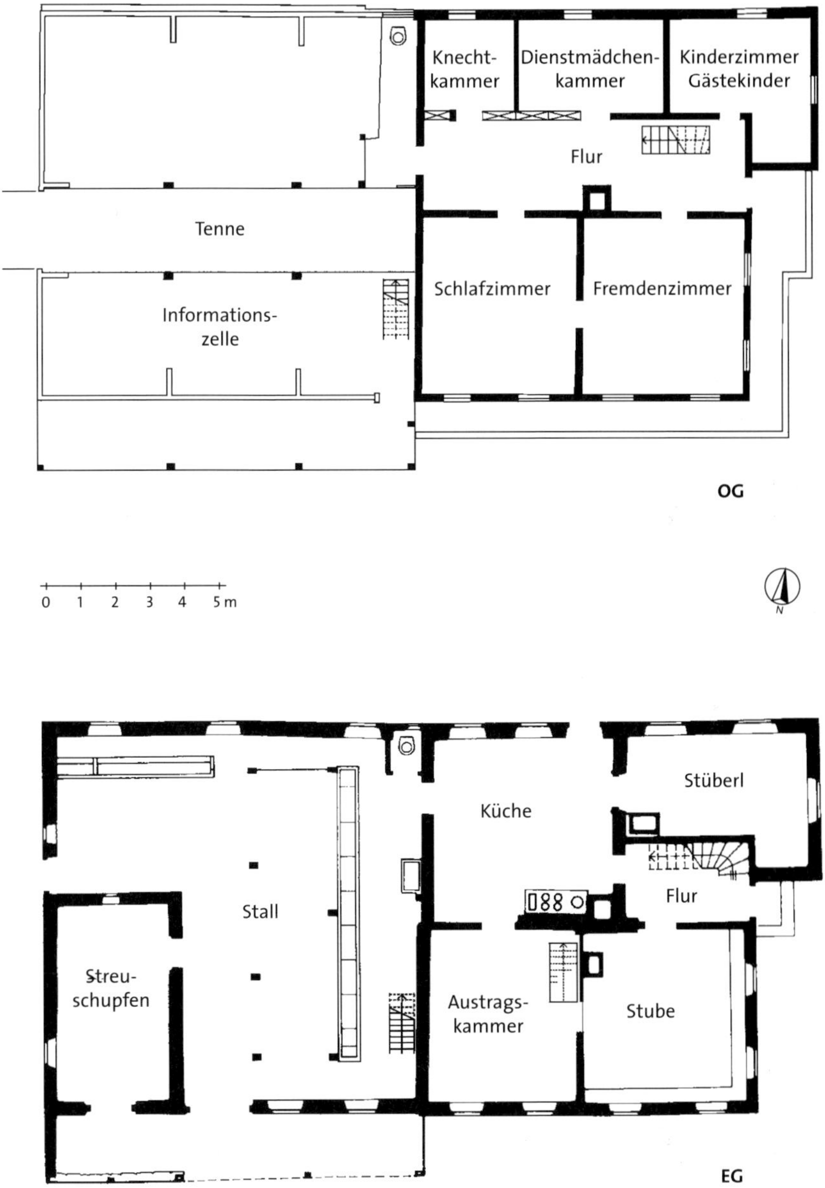

Grundrisse von Erd- und Obergeschoss des Fischerwebers mit den im Museum präsentierten Raumfunktionen.

oben: Das „weiße Zimmer" im OG kam als Aussteuer von Anna Jaud, geb. Hagn, 1929 auf den Hof. Der Raum wurde, ebenso wie die benachbarte Schlafkammer, an Sommerfrischler vermietet.

unten: Schnapsflaschen mit hauseigenem Etikett auf dem Küchenherd. Zum Schnapsbrennen wurde eine kupferne Brennblase in den Küchenherd eingesetzt.

Fischer, Weber, Schnapsbrenner ... wie man das Einkommen aufbesserte
Im 15. Jahrhundert, genauer 1439, ist bereits der erste Fischer auf dem damaligen Anwesen am Asch („Ach" für Wasser) nachgewiesen. Über 200 Jahre lang wurde hier die Fischerei für das Kloster Tegernsee, das auch Grundherr war, betrieben.
Daneben war der *Fischerweber* aber immer auch ein Bauernhof. 1783, das ist den Archivalien zu entnehmen, stehen im Stall des damaligen Besitzers Joseph Jaud fünf Kühe, ein Jungrind und ein Kalb. Zweihundert Jahre später werden schon bis zu neun Kühe, fünf Kälber und Jungvieh, dazu zwei Schweine gehalten. 1861 gehörten zum *Fischerweber* insgesamt 56 *Tagwerk* (ca. 19 Hektar) Grundbesitz, bestehend aus Haus- und Krautgarten, Äckern, Wiesen und Weiden, Wald und einer Alm samt Almhütte auf dem Wallberg. Nach dem zweiten Weltkrieg wurden die zugehörigen Grundflächen dann vor allem als Grünland bewirtschaftet. Ab 1970 betrieb man die Landwirtschaft im neu errichteten Aussiedlerhof am Ortsrand.

Seit der zweiten Hälfte des 19. Jahrhunderts entwickelte sich am Tegernsee der Fremdenverkehr zur veritablen Einkommensquelle. Um 1900 begann auch die Familie Jaud, einen Teil ihres Hofes im Sommer an Gäste zu vermieten. Gerade wegen der reizvollen Lage des Hauses direkt am See bot sich die saisonale Zimmervermietung an vermögende Gäste besonders an, und so zog es auch Künstler wie den berühmten k.u.k. Kammersänger Leo Slezak an den malerischen Ort. Mit Ausbruch des Krieges wurden auch die Sommerfrischler immer seltener. Später vermietete man nur noch einzelne Zimmer

Parallel zur Landwirtschaft spielt die Weberei eine herausragende Rolle in der Geschichte des Hofes. Schon 1667 heiratete der erste Weber, Georg Gschwandtner, in den Hof ein, seit 1754 wurde der Hof dann durchgängig als der *Fischerweber* bezeichnet. Nahezu 300 Jahre lang bildete die Weberei für die Hofbesitzer den wichtigsten Nebenverdienst.

Seit 1879 betrieb Joseph Jaud (IV.) außerdem eine eigene Schnapsbrennerei, die sein Sohn Joseph Jaud (V.) bis in die 1950er Jahre weiterführte und die wiederum einen wichtigen Beitrag zum Einkommen leistete. Gebrannt wurde im Herbst und im Winter in der Küche. Für den Verkauf produzierte die Familie Schnaps aus Obst, Enzian und Wacholder. Das Obst stammte aus dem eigenen Garten, Enzianwurzeln und Wacholderbeeren wurden eingekauft. Kunden kamen aus der näheren Umgebung, aber auch Feriengäste freuten sich über das scharfe „Mitbringsl". Auf Wunsch wurde der Schnaps sogar zugeschickt.

Zuhaus aus Rottach-Egern

Hausname: „Fischerweber“
Gemeinde: Rottach-Egern
Landkreis: Miesbach
Erbaut: 1793 (d),Gründungsbau von 1482 (d), Umbau und Erweiterung: 1856
Abbau: 2007/2008
Eröffnung im Museum: 2012
Präsentationszeit: 1482 bis Mitte 20. Jh.
Besonderheit: Ensemble aus Haupt- und Zuhaus; Präsentation der Baugeschichte und archäologischen Funde; Hauskapelle mit reicher Ausstattung

Von außen zeigt sich das *Zuhaus Fischerweber* als schlichter doppelgeschossiger Einfirsthof en miniature mit Wohn- und Wirtschaftsteil, in Mischbauweise aus Holz und Mauerwerk errichtet. Hinter der unauffälligen Hülle jedoch verbirgt sich eine ungewöhnlich komplexe Baugeschichte mit spektakulären Befunden aus dem Spätmittelalter und der frühen Neuzeit.

So, wie es sich heute präsentiert, entspricht das Gebäude weitgehend dem Erscheinungsbild in der zweiten Hälfte des 19. Jahrhunderts. Im Erdgeschoss aber steckt tatsächlich noch die *Blockbaukonstruktion* des Gründungsbaus aus dem Jahr 1482. Die Holzwände in der *Stube* sind also mehr als 500 Jahre alt. 1793 wurde das *Zuhaus* neu aufgebaut, wieder fast ausschließlich als Holzkonstruktion. Das Gebäude hatte damals keinen Wirtschaftsteil, sondern es diente als Wohnhaus. Rund 60 Jahre später erfolgte die letzte umfangreiche Baumaßnahme, bei der die Holzkonstruktion der nördlichen Haushälfte durch Mauerwerk ersetzt und ein Wirtschaftsteil mit *Tenne* angebaut wurde. Der Tradition entsprechend ist die Verlängerung als verschalte *Ständerkonstruktion* ausgeführt.

Ein ungewöhnlicher Vorgängerbau und zwei Tierskelette
Soll ein Haus ins Freilichtmuseum versetzt werden, sind archäologische Grabungen in der Regel Teil der Dokumentation. Beim *Zuhaus Fischerweber* erfolgte die Grabung begleitend zum Abbau. Zutage kamen überraschende und außergewöhnliche Befunde, die interpretiert werden mussten. Die Archäologen entdeckten zunächst einen Vorgängerbau, ein massives Gebäude aus Stein mit angebauter Latrine. Unter dem Fundament einer Wand fanden sich schließlich in einer eigens ausgehobenen Grube zwei sorgfältig platzierte Tierschädel sowie weitere Knochen, die von einem Kalb und einem Ferkel stammten. Dem Fundort und den Fundumständen nach wird vermutet, dass die Schädel dort bewusst niedergelegt wurden. Die genauen Hintergründe konnten zwar nicht geklärt werden, ausgeschlossen wird aber, dass es sich um Schlachtabfälle handelt. Dass dieses Haus aus dem 14. Jahrhundert ein bäuerliches Anwesen war, ist unwahrscheinlich. Auf alle Fälle handelt es sich um den derzeit ältesten bekannten Profanbau in der Region, der vielleicht ein Verwaltungssitz des Klosters Tegernsee war.

32 a

32a

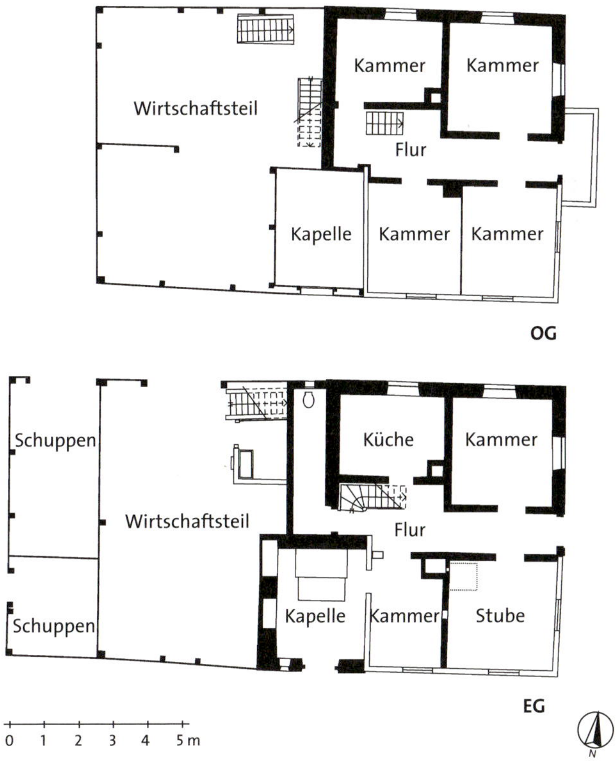
Kammer
Kammer
Wirtschaftsteil
Flur
Kapelle
Kammer
Kammer
OG
Schuppen
Küche
Kammer
Wirtschaftsteil
Flur
Kapelle
Kammer
Stube
Schuppen
EG
0 1 2 3 4 5 m
N

Die Hauskapelle – ein Schatzkästlein
Die Hauskapelle, ein zweigeschossiger Andachtsraum mit überreicher Ausstattung aus fünf Jahrhunderten, wurde im späten 18. Jahrhundert als eigenständiger Kubus in den Grundriss eingestellt, eine echte „Schatz-Kiste" mit *Tonnengewölbe*. In einem Vertragsbrief von 1803 zur Regelung einer Erbfolge werden als Inventar des *Zuhauses* auch ausdrücklich „Altarsachen" aufgeführt. Der Andachtsraum hebt sich von anderen Haus- und Hofkapellen im oberbayerischen Raum vor allem in vier Punkten ab: in der Geschlossenheit seiner Ausstattung, der Menge der erhaltenen Gegenstände, deren inhaltlicher und materieller Vielfalt sowie der breiten zeitlichen Streuung der Objekte vom 15. bis zum 20. Jahrhundert.

Eine besondere Wand
Die Altarwand der Hauskapelle vermittelt einen Eindruck von der umfangreichen Ausstattung. Unter dem Blutchristus am Kreuz stand ursprünglich eine Schmerzhafte Muttergottes.
Sie verblieb bei den ehemaligen Besitzern des Hauses.

Kleinanwesen aus Thal

Hausname: „Bichl“
Gemeinde: Siegsdorf
Landkreis: Traunstein
Erbaut: 1508 (d), Umbau 1725
Abbau: 1992
Eröffnung im Museum: 1997
Präsentationszeit: 18./19. Jh.
Besonderheit: Wohnhaus für Bergknappen (Doppelhaus), Ausstellungen zum Bergbau und zu archäologischen Grabungsfunden

Der *Bichl-Hof*, der neben dem *Brunnerkaser* (A2) zu den ältesten Gebäuden im Museum zählt, wurde 1508 vollständig aus Holz in der heutigen Kubatur errichtet: der Wohnteil als *Blockbau*, der Wirtschaftsteil als verschalte *Ständerkonstruktion*.

1725 wurde der Wohnteil im Erdgeschoss aus Stein neu errichtet und zu einem Doppelhaus mit Mittelflur und zwei identischen Wohneinheiten umgebaut. Bis 1860 lebten hier vor allem Bergleute mit ihren Familien, die ganz in der Nähe des ursprünglichen Standorts Siegsdorf im Eisenerzbergbau am Kressenberg arbeiteten.

Bergknappen als Mieter im *Bichl-Hof*
Seit der ersten archivalischen Erwähnung im Jahr 1533 wird das Anwesen stets als Zubauhof zum Oberthalerhof aufgeführt. Das Gebäude stand 300 Meter von diesem entfernt auf einer kleinen Erhebung – daher leitet sich auch der Hausname ab: Bichl bedeutet Anhöhe. Ein sogenanntes Zubaugut konnte unterschiedlich genutzt werden: als Unterkunft für *Austragler* oder ledige Geschwister, für Dienstboten oder *Inleute* (Mieter). Ab 1667 lebten im *Bichl-Hof* vor allem Bergknappen. Der Umbau zu einem Doppelhaus erfolgte in den 1720er Jahren als ein konjunktureller Aufschwung des regionalen Bergbaus stattfand und verstärkt Wohnraum für neue Arbeitskräfte benötigt wurde. Die Bergleute waren auf eine Unterkunft bei Bauern angewiesen, da es auf dem Bergwerksgelände keine Übernachtungsmöglichkeiten für sie gab. Sie zahlten Herbergsgeld und mussten ihren Vermietern zudem bei der Feldarbeit helfen – auch nach der anstrengenden zehnstündigen Schichtarbeit. Der Zimmermann Johann Pletschacher war der letzte Bewohner des *Bichl-Hofs*. Nach seinem Tod im Jahr 1868 blieb das Haus unbewohnt. 13 Jahre später, 1881, wurde auch das Bergwerk am Kressenberg geschlossen. Im 20. Jahrhundert diente der leerstehende Hof als Sommerstall und Abstellraum.

Die giebelseitige Haustür führt in einen breiten Flur mit gemauertem Gewölbe, der von den Wohnparteien – davon zeugen die beiden rekonstruierten Herdstellen – gemeinschaftlich als Küche genutzt wurde. Der Rauch der offenen Herdfeuer sowie aus den Schüröffnungen der Stubenöfen zog über den *Deutschen Schlot* ab. Der ungewöhnliche Materialmix des Fußbodens aus Holzdielen und originalen Steinplatten im Bereich der Feuerstellen wurde nach Befund, d.h. anhand von Spuren an den Wänden und im Boden, rekonstruiert. Das gilt auch für den *Ofen*, die Fenster und die wandfesten Einbauten in der *Stube* auf der linken Seite. Ein im Haus gefundenes Butzenglasfragment legt nahe, dass zumindest die Stubenfenster verglast waren.

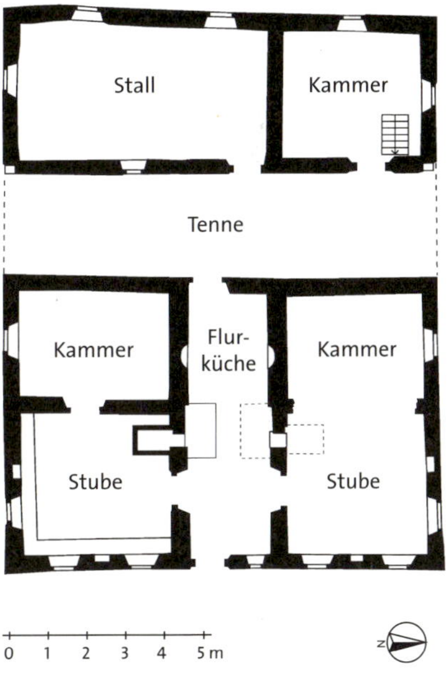

Blick über den Bichl-Hof zum Kochler Moor, im Hintergrund sind links der Rabenkopf und rechts der Jochberg zu sehen.

Kleinanwesen aus Straß

Hausname: „Weberhäusl“
Gemeinde: Laufen
Landkreis: Berchtesgadener Land
Erbaut: 1597 (d), Umbauten 1719 (d), 1766 (d), 1860 (i)
Abbau: 1991
Eröffnung im Museum: 1995
Präsentationszeit: Mitte 20. Jh.
Besonderheit: Ensemble mit kleinen Nebengebäuden, vollständige Originaleinrichtung

Als das Gebäude 1991 ins Freilichtmuseum übernommen wurde, hatte es seit rund 90 Jahren keine wesentlichen baulichen Veränderungen mehr erfahren. Auch die Einrichtung war seither kaum modernisiert worden. Sogar Brunnen und Backhaus waren noch vorhanden. Diese seltene Vollständigkeit macht das *Weberhäusl* zu einem besonderen Geschichtsdokument.

Urkundlich erwähnt wird das Kleinanwesen erstmals 1672, der damalige Hausname *Beim Stegl an der Lackhen* bezog sich auf ein nahes Gewässer. Das Gebäude selbst ist allerdings älter: Erdgeschoss mit *Stube* und Flurküche wurde bereits 1597 errichtet.

Hinter der Wandvertäfelung in der Stube „verstecken“ sich die Blockwände des ältesten Gebäudeteils.

Wegen des geringen Grundbesitzes mussten die Bewohner für ihr Auskommen zusätzlich zur Landwirtschaft ein Handwerk ausüben. Etwa von 1700 bis in die zweite Hälfte des 19. Jahrhunderts war das die Weberei, damals in der Region das wichtigste Landhandwerk. Zu dieser Zeit lag auf dem Hof die sogenannte Webergerechtigkeit, das heißt der Besitzer hatte das Recht, das Handwerk der Weberei auszuüben.

Von 1859 bis 1963 wurde hier im Nebenberuf die Zimmerei ausgeübt. Das jeweilige Handwerk gab dem Anwesen auch seinen Namen, und so hieß das frühere *Weberhäusl* im 20. Jahrhundert nun *beim Zimmermann*.

Umbau, Anbau, Zweitverwertung – das *Weberhäusl* entsteht

Das *Weberhäusl* ist weitgehend aus Holz gezimmert, Mauerwerk findet sich nur im Bereich der Feuerstellen und im Stall. Insgesamt wirkt das Baugefüge sehr uneinheitlich, eine Folge der mehrfachen Umbauten. Einen kompletten Neubau konnte man sich nicht leisten und so hat man an das bestehende Gebäude immer wieder angebaut und dafür teilweise auch ältere Bauteile „recycelt". Für historische Gebäude ist eine solche Baugeschichte nicht untypisch.

Der westliche Anbau als spätere Erweiterung (1860) fällt schon vor Betreten des Gebäudes auf: Die *Ständerkonstruktion* ist in der Schlaf- und Speisekammer mit Ziegeln ausge-

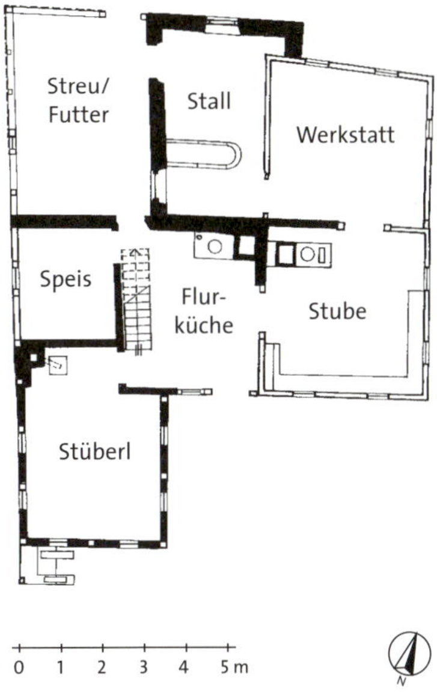

Flurküche mit gemauertem Sparherd und Russischem Schlot.

mauert, im Bereich der *Streuhütte* nur verbrettert oder verschindelt. Die ältesten Bauteile von 1597 finden sich in den Blockwänden der *Stube* und in einem Teil der Flurküche. Ein weitgehender Umbau, bei dem das *Weberhäusl* seinen heutigen Grundriss mit Werkstatt und Stall erhielt, erfolgte im Jahr 1719. Auch das Obergeschoss entstand damals: Für die *Kammer* über der Stube wurden dabei die Blockwände eines älteren Getreidekastens wiederverwendet. 1766 bekam das Haus einen neuen *Dachstuhl*.

In das Jahr 1903 datiert die Modernisierung der Feuerstätten: In der Küche wurde ein geschlossener *Deutscher Schlot* mit angeschlossenem *Sparherd* eingebaut, in der Stube ein *Sesselofen*. 1953 wurde auf Drängen des Kaminkehrers der Deutsche Schlot durch einen schlankeren *Russischen Schlot* ersetzt.

Das *Weberhäusl* in der Mitte des 20. Jahrhunderts

Seit 1941 lebte die ledige Katharina Schauer mit ihrem verwitweten Vater in dem Anwesen. Franz Schauer arbeitete als „Störzimmerer", das heißt er verrichtete sein Handwerk nicht nur in der heimischen Werkstatt, sondern auch direkt vor Ort in der näheren Umgebung, wo er beim Bau von Scheunen, *Schupfen* oder Bienenhäusern mitarbeitete.
Zu Hause fertigte er schmuckvolle *Pfettenbrettchen*, Deichelrohre (hölzerne Wasserleitungen) und andere Gegenstände aus Holz.

Landwirtschaft konnten die Bewohner vom *Weberhäusl* nur im Nebenerwerb betreiben, denn nicht einmal ganz ein Hektar Grünland gehörte zum Anwesen. Im Stall hielt Katharina zu diesem Zeitpunkt nur noch Ziegen. Zusätzlich arbeitete sie in einer Fabrik in Laufen, in der Spankörbe produziert wurden.

Die Tochter schlief in der Kammer über der Stube, der Vater in der heizbaren Kammer im Anbau von 1860. Gekocht wurde auf dem *Sesselofen* in der Stube. 1963 starb Franz Schauer und Katharina lebte von da an alleine im Haus. Modernisierungen nahm sie keine mehr vor, und so gab es bis zuletzt auch keinen elektrischen Strom. Licht spendeten weiterhin Petroleum- und Karbidlampen.

Backhaus (42 a) und Brunnen (42 b)

Großen Seltenheitswert haben die beiden erhaltenen Nebengebäude, die mit ins Freilichtmuseum übernommen werden konnten.

Das frei stehende Backhaus wurde 1812 als hölzerner *Blockbau* errichtet, im hinteren Teil war der Backofen eingemauert. Ursprünglich entwich der Rauch aus dem Backofen direkt in das offene Dach. Ein Gewölbe, das spätestens 1877 vor den Backofen gemauert wurde, um den Rauch zu einer Abzugsöffnung im Giebel zu leiten, wurde teilrekonstruiert. Bereits ab Ende des 19. Jahrhunderts war das Backhaus nicht mehr in Betrieb. Die Mauerwerkseinbauten wurden entfernt und man nutzte das Gebäude als Abstellraum. Ungewöhnlich ist der direkt an das Backhaus angebaute Abort.

Nur fünf Meter vom Abort entfernt fand sich in Straß der etwa neun Meter tiefe Brunnenschacht, aufgemauert aus unbehauenen Steinen. Den überdachten Brunnenkasten errichtete Franz Schauer sen. im 19. Jahrhundert in *Blockbauweise*. Mit einer Handkurbel ließ sich eine Winde in Bewegung setzen, mit der ein Wassereimer nach oben gezogen werden konnte. Um 1900 legte man eine Saugleitung vom Brunnen in das Haus und stellte in der Werkstatt eine Handpumpe auf. Für die Bewohner bedeutete der Wasseranschluss direkt im Haus eine wesentliche Erleichterung. Anschluss an die zentrale Trinkwasserversorgung erhielt das Anwesen erst 1963.

Kleinanwesen aus Oberteisendorf

Hausname: „Weidacher"
Gemeinde: Teisendorf
Landkreis: Berchtesgadener Land
Erbaut: 1809 weitgehender Neubau unter Verwendung älterer Mauerteile (d);
Abbau: 1988
Eröffnung im Museum: 1996
Präsentationszeiten: Bauzustand 2. Hälfte des 19. Jh.; Innenausstattung um 1940
Besonderheit: farbige Gestaltung; Ausstellungen zur Bauforschung und zu Türen

Auffallend an dem Gebäude ist die farbige Gestaltung aus der zweiten Hälfte des 19. Jahrhunderts. Da sich kaum etwas von der Originaleinrichtung erhalten hatte, konzentrierte man sich hier bei der Präsentation auf die Rekonstruktion der farbigen Wände innen und außen. Zu sehen ist außerdem, was von der einstigen Innenausstattung übrig geblieben ist, sowie wenige persönliche Habseligkeiten der Bewohner.

Der Wohnteil des Kleinanwesens ist gemauert, im Wirtschaftsteil steht auf dem gemauerten Erdgeschoss ein *verschalter Ständerbau*. Unter dem mit *Nagelschindeln* gedeckten *Schopfwalmdach* ist der Giebel verbrettert.

Ausstellung im OG mit Familienfotos und persönlichen Habseligkeiten der ehemaligen Bewohner.

Lange gehörte zum *Weidacher* kein nennenswerter Grundbesitz, weshalb die Quellen des 17. und 18. Jahrhunderts von anhaltender Not berichten. Die Bewohner arbeiteten als Tagelöhner, Vogelfänger, Rechenmacher und Zimmerleute. Grundherr war das Erzstift Salzburg, das den Besitzern nachweislich in den Jahren 1796 und 1799 zwei Wiesen zur Nutzung überließ, damit diese zumindest ein bis zwei Kühe durchfüttern konnten.

Erst ab 1900 besserte sich die Situation: In den 1920er Jahren hatte sich der Grundbesitz auf 3,5 Hektar vergrößert. Im Stall standen jetzt vier Stück Vieh,

man hielt zwei Jungrinder, zwei Schweine, ein paar Schafe mit Lämmern und Hühner. In den 1960er Jahren wurde der Stall modernisiert. Doch danach begann der kleine Hof zu verfallen, die letzten Besitzer, ein kinderloses Ehepaar, investierten nichts mehr. Ab 1985 stand er leer.

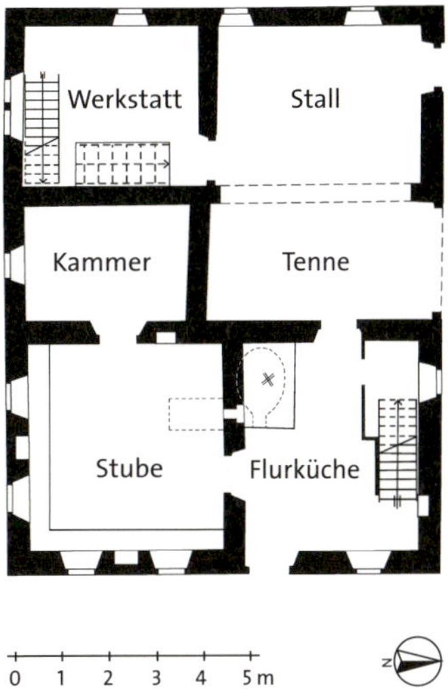

Detailansicht der aufwendigen Fassadendekoration mit Sockelzone, seitlicher Rahmung und aufgemalten Blendfenstern. Die Orientierung an herrschaftlichen Vorbildern ist nicht zu übersehen.

Das farbige Haus – ein anspruchsvolles Darstellungskonzept

Im *Weidacher* werden zwei verschiedene Zeitschnitte gezeigt – und das direkt nebeneinander: In der Flurküche sind der offene Herd mit eingebautem Backofen und der Rauchfang des *Deutschen Schlots* aus dem 19. Jahrhundert rekonstruiert. Die zweite zeitliche Ebene zeigt parallel die Um- und Einbauten des 20. Jahrhunderts, zum Beispiel die durch Bretterwände abgetrennte Speisekammer unter der Treppe. Diese Form der Darstellung soll den Besuchern das Thema Bauforschung nahe bringen und aufzeigen, wie sich ein Haus über mehrere Generationen immer wieder verändert hat. Im ehemaligen *Tennen*- und Stallbereich ist diesem Thema zudem eine Ausstellung gewidmet, während im Obergeschoss auf die letzten Bewohner eingegangen wird.

Auch die auffallende farbliche Gestaltung ist in zwei Zeitschnitten zu sehen: Um 1870 war die *Stube* mit leuchtend blauen Ornamenten auf weißem Grund geschmückt. Aus dieser Zeit stammt auch der Lebensbaum im Herrgottswinkel. Die Ofenecke der Stube zeigt, wie es hier im 20. Jahrhundert aussah: Die Wand ist grün gestrichen und es konnten verschiedene, im Laufe der Zeit aufgetragene Schablonierungen rekonstruiert werden. Die Fassade zeigt ebenfalls den Zustand um 1870. Die aufgemalte architektonische Gliederung verleiht dem Gebäude eine repräsentative Wirkung, was angesichts der bescheidenen wirtschaftlichen Verhältnisse umso erstaunlicher erscheint.

Rekonstruierte Ornamentfriese in der Stube. Ergänzend hierzu Stratigraphien auf originalen Bauteilen wie Türblatt und Wandkästchen.

51 a–c

Berchtesgadener Zwiehof

Das Marosen-Lehen in Oberau, Aufnahme Sommer 1906.

Diese idealtypische Hofanlage, bestehend aus Wohnhaus (Feuerhaus), Stallstadel (Futterhaus) und Getreidekasten, stellt einen Bergbauernhof dar, wie er charakteristisch für das Berchtesgadener Land ist. Die Gebäude stammen von zwei unterschiedlichen Anwesen, dem *Mösler-Lehen* in Ramsau und dem *Marosen-Lehen* bei Berchtesgaden. Die Situierung im Freilichtmuseum entspricht dem jeweiligen Originalstandort mit ausgeprägter Hanglage. Ein Zwiehof besteht nicht zwingend aus zwei Gebäuden, mit kleinen Nebengebäuden können es auch drei oder vier sein. Der Ausdruck benennt aber die beiden wichtigsten Gebäude: das Wohnhaus mit Feuerstelle, Wohnstube und (Vorrats-) *Kammern*, sowie den *Stadel* mit integriertem Stall.

Wohnhaus aus Oberau

Hausname: „Marosen"-Lehen
Gemeinde: Berchtesgaden
Landkreis: Berchtesgadener Land
Erbaut: 1592 (d und i); Modernisierungen und Umbauten im 18. und 19. Jh
Abbau: 1993
Eröffnung im Museum: im Aufbau
Präsentationszeit: erste Hälfte 20. Jh.
Besonderheit: typisches „Feuerhaus" eines Berchtesgadener Zwiehofs mit gemauerter Rauchküche

Das Marosen-Lehen am Originalstandort.
Gut zu erkennen ist die Hanglage, in der das Gebäude steht.

Das Wohnhaus des *Marosen-Lehens* zählt zu den ältesten datierten *Blockbau*-Wohnhäusern in Oberbayern. Die auf der Firstpfette eingeschnitzte Jahreszahl „1592" konnte durch die Methode der *Dendrochonologie* bestätigt werden: das Bauholz war im Winter 1591 gefällt worden.

Dieser frühen Bauzeit entsprechend besitzt das Haus noch kein ausgebautes Dachgeschoss, sondern nur einen niedrigen *Kniestock*. Die gemauerte *Rauchküche* mit *Tonnengewölbe* und *Deutschem Schlot* wurde vermutlich im 18. Jahrhundert eingebaut.

Archivalisch lässt sich die Geschichte des *Marosen-* oder *Bernegg-Lehen* bis 1387 zurückverfolgen. Die Erträge der Landwirtschaft reichten hier in der Regel nicht für ein Auskommen, weshalb die Bauern immer noch einen Nebenerwerb hatten. Im 18. und frühen 19. Jahrhundert war das die für Berchtesgaden typische Herstellung von einfachem Spielzeug oder Schachteln in Heimarbeit. Später dann arbeiteten die Hofbesitzer als Zimmerleute und Hilfsarbeiter. 1960 errichtete man neben dem alten Wohnhaus einen Neubau und zog in der Folge um.

Hausname: gehörte zum „Mösler“-Lehen	
Gemeinde: Ramsau	
Landkreis: Berchtesgadener Land	
Erbaut: vermutlich 18. Jh.	
Abbau: 1978	
Aufbau im Museum: 1980	
Präsentationszeit: in Überarbeitung	

Stallstadel aus Ramsau

Das Besondere bei diesem traditionellen Stallstadel ist, dass die Unterbringung des Viehs und die Lagerung der Ernte unter einem Dach kombiniert wurden. Die Hanglage ermöglichte es dem Bauern, über eine Hocheinfahrt mit dem Wagen direkt auf die *Tenne* zu fahren.

Der stattliche *Stadel* gehörte zu einem Berchtesgadener Zwiehof und wurde in Mischbauweise errichtet: Das Erdgeschoss mit Kuhstall, kleinem Schafstall und „Krautstall“, wo Krautfaß und -hobel, aber auch Egge und Pflug aufbewahrt wurden, ist gemauert. Die Scheune zur Heulagerung im Obergeschoss ist dagegen ein *Blockbau* aus Rundhölzern.

Das *Mösler-Lehen* wird bereits 1386 in einem so genannten *Erbrechtsbrief* erwähnt. Bis ins 19. Jahrhundert wurde auf dem Hof neben der Viehwirtschaft auch Ackerbau betrieben.

Getreidekasten aus Ramsau

Hausname: gehörte zum „Mösler"-Lehen
Gemeinde: Ramsau
Landkreis: Berchtesgadener Land
Erbaut: um 1590; Aufstockung 1864
Abbau: 1978
Aufbau im Museum: 1980
Präsentationszeit: Anfang 20. Jh.
Besonderheit: typischer Getreidekasten eines Bergbauernhofs

Der ursprünglich eingeschossige Kubus des Getreidekastens ist in *Blockbauweise* errichtet. 1864 erhielt er zum Lagern und Nachreifen des ungedroschenen Getreides ein deutlich größeres Obergeschoss in verbretterter *Ständerkonstruktion*.

Die weit überstehende Form mit schrägen Außenwänden ist charakteristisch für das Berchtesgadener Land. Im Erdgeschoss wurde das ausgedroschene Getreide gelagert. Zuletzt diente dieser Raum als Abstellfläche für Werkzeug und Gerät.

51a | Getreidekasten aus Ramsau

Hof aus Schönau

Hausname: „Samerhäusl“
Gemeinde: Schönau
Landkreis: Berchtesgadener Land
Erbaut: 1790 (i), Anbauten aus der 2. Hälfte des 19. Jh.
Abbau: 1988
Eröffnung im Museum: 1991
Präsentationszeit: um 1960
Besonderheit: Zimmervermietung an Feriengästen

Der Hof aus Schönau wurde 1988 in das Freilichtmuseum übernommen – mit ihm über 1.400 originale Einrichtungsgegenstände. Gebäude und Ausstattung vermitteln heute anschaulich das Leben auf einem kleinen Hof um 1960, dessen Alltag damals schon über Jahrzehnte vom Tourismus geprägt war.

Das 1790 in *Blockbauweise* errichtete Gebäude mit gemauertem Stall war ursprünglich ein Einfirsthof. 1876 wurde ein gemauerter Anbau an der Nord-Westecke errichtet und der Blockbau verputzt. Den Wirtschaftsteil verlängerte man 1882 in *Ständerbauweise* nach Osten, hier entstanden Lagerräume und weitere Zimmer, vielleicht schon in Zusammenhang mit dem beginnenden Fremdenverkehr. Jedenfalls gab es nun mehr Räume, als die Bewohner selbst benötigten.

Zubrot

Die Bewohner des Anwesens waren trotz landwirtschaftlicher Einkünfte wie viele andere Kleinbauern auf einen Nebenerwerb angewiesen. Lange Zeit arbeitete man im *Samerhäusl* als Drechsler oder Holzschnitzer, erste Hinweise darauf finden sich für die Mitte des 17. Jahrhunderts. Spätestens seit 1913 verdienten die Besitzer zusätzliches Geld durch die Vermietung einiger Zimmer an Feriengäste. Während des Sommers waren das alle Zimmer im Obergeschoss des *Samerhäusls* und dazu die beiden *Kammern* im östlichen Anbau. Die Bewohner selbst schliefen in der Saison zum Teil im Dachgeschoss, das in den 1920er Jahren notdürftig ausgebaut wurde.

Sommerfrische
Die Gäste reisten in der Regel noch in den 1960er Jahren mit dem Zug an und kamen vorwiegend aus den Ballungszentren im Ruhrgebiet und in Norddeutschland. Luxus oder ein breites Unterhaltungsangebot konnten die Sommerfrischler nicht erwarten. Die Zimmer waren einfach möbliert, seit den 1920er Jahren immerhin mit elektrischem Licht ausgestattet. Damals wurde auch der offene Herd in der Küche durch einen *Sparherd* ersetzt und in der *Stube* ein *Sesselofen* aufgestellt. Auch wenn das *Samerhäusl* seit 1910 an die zentrale Trinkwasserversorgung angeschlossen war, blieb der eiserne Ausguss auf der offenen Veranda für die Gäste bis etwa 1960 die einzige Waschmöglichkeit. Zwei Töchter des Hauses betrieben auf dem Grundstück bis in die 1950er Jahre einen Kiosk mit Milchausschank – da der Viehbestand des Hofes sehr klein war, mussten sie dafür allerdings Milch zukaufen.

In den 1960er Jahren wurde ein letztes Mal modernisiert: Die Fremdenzimmer erhielten Waschbecken mit fließend kaltem Wasser, den Abort im Obergeschoss ersetzte man für die Gäste durch ein Spülklosett. Für die Besitzer dagegen blieb es bei der Toilette in der Waschküche, einem einfachen Plumpsklo. Endgültig eingestellt wurde die Zimmervermietung im Jahr 1976.

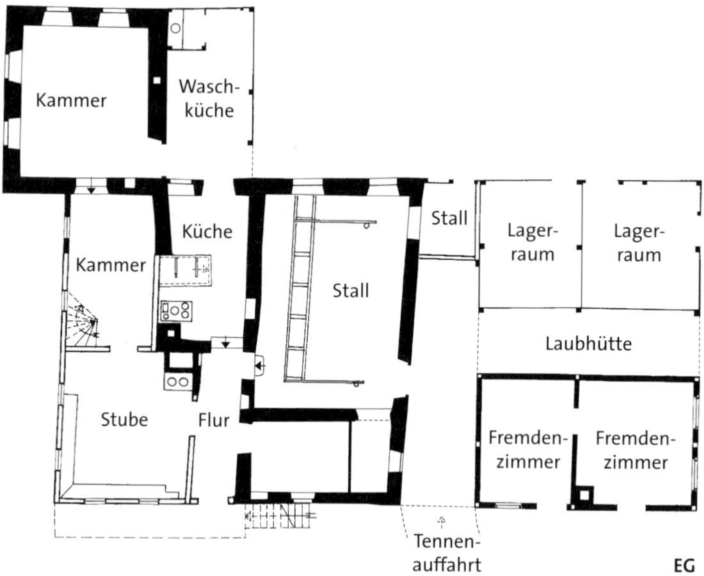
Kammer
Wasch-
küche
Küche
Kammer
Stall
Stall
Lager-
raum
Lager-
raum
Laubhütte
Stube
Flur
Fremden-
zimmer
Fremden-
zimmer
Tennen-
auffahrt
EG

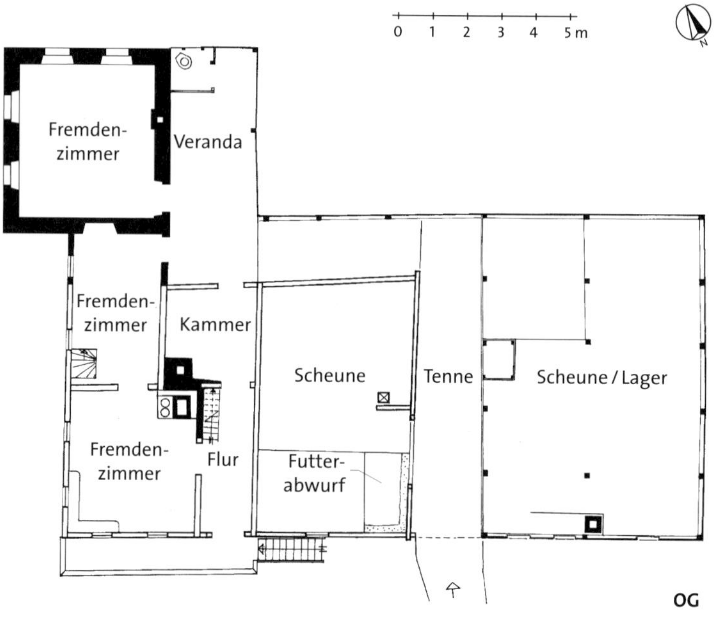
0 1 2 3 4 5 m
N
Fremden-
zimmer
Veranda
Fremden-
zimmer
Kammer
Scheune
Tenne
Scheune / Lager
Fremden-
zimmer
Flur
Futter-
abwurf
OG

Sommergäste mit den damaligen Besitzern Anna (2. v.l.) und Johann Schwaiger sen. (sitzend) vor dem Samerhäusl im Juli 1938. Das Foto wurde den Schwaigers von den Feriengästen als Erinnerung zugeschickt. Auf der Rückseite heißt es: „Zur Erinnerung an die schönen Tage im Samerhäusl ...“.

Hygiene im ländlichen Oberbayern

Fließendes Wasser im eigenen Haus – das blieb für die Landbevölkerung Oberbayerns bis in die 1950er Jahre ein Traum. Erst die Einführung einer öffentlichen Wasserversorgung und die Abwasserkanalisation ermöglichten überhaupt die Entwicklung von Hygienestandards wie täglicher Wäschewechsel und häufigeres Duschen. Davor holte man Wasser meist vom eigenen Brunnen, der aber nicht immer frei von schädlichen Keimen war. Da das Wasser mit schweren Eimern ins Haus getragen und dann auf dem Herd lange erhitzt werden musste, überlegte man sich gut, wofür es verwendet werden sollte.

Gebadet wurde meist am Wochenende oder vor Feiertagen in Zubern aus Holz oder Zink, die auch zum Wäsche waschen dienten. Nicht selten stieg die ganze Familie nacheinander in das selbe Badewasser. Ein wöchentliches Bad war kein Standard. „Im Allgemeinen werden nur Gesicht und Hände mit Wasser gerieben. [...] Viele Leute auf dem Land werden alt und sterben, ohne je ihren ganzen Körper einmal mit Seife gewaschen oder je ein Reinigungsbad genommen zu haben" – so wird der Hygienemaßstab der Landbevölkerung für das Jahr 1878 in einem Generalbericht der Sanitätsverwaltung beschrieben.

Wäsche waschen zählte vor der Entwicklung mechanischer Hilfsmittel zu den mühsamsten häuslichen Arbeiten. Kleidung wurde entsprechend selten gewechselt. Bayerische Landgerichtsärzte notierten in ihren „Physikatsberichten" die hygienischen Verhältnisse auf dem

Große Wäsche in Partenkirchen um 1922. So wurde noch bis in die 1950er Jahre mit Schmierseife und Aschenlauge gewaschen.

Land und gaben bezüglich der „Leibwäsche" an, dass diese in der Regel einmal pro Woche, Bettwäsche vierteljährlich gewechselt wurde.

Auch in der häuslichen Architektur spiegelt sich die hygienische Situation vergangener Zeiten wider. Die Bauernhäuser von damals verfügten in der Regel nicht über eigene Badezimmer. Die tägliche Körperpflege fand entweder im Freien (am Brunnen) statt oder man benutzte Waschtische. Im Zuge der Modernisierungswelle seit den 1950er-Jahren gehörten Badezimmer, Wasserklosett und auch eine Waschmaschine häufig zu den ersten Anschaffungen im Rahmen von Umbauten und Haussanierungen.

Die Waschküche im Erdgeschoss des Samerhäusl entstand in den 1930er Jahren. Der Raum diente auch als „Badezimmer“. Zuvor führte hier nur ein gepflasterter, offener Gang zum Abort (im Bildhintergrund).

Kleinanwesen aus Oberau

Hausname: „Steinbichl"
Gemeinde: Oberau
Landkreis: Berchtesgadener Land
Erbaut: 1621 (i, d),
Erweiterungen 1670 (d) und 1868 (d)
Abbau: 1990
Eröffnung im Museum: 1998
Präsentationszeit: 1621 und 1980
Besonderheit: Wohnhaus für Arbeiter im Salzbergbau; zuletzt rustikales Ferienhaus

Blick in die Stube mit der Einrichtung aus den 1970er Jahren.

Der Flurname *Steinbichl* beschreibt die Lage des kleinen Anwesens, zu dem kaum Grundbesitz gehörte, an einem steinigen, unfruchtbaren Berghang. Da die Anwohner weder Ackerbau noch Viehhaltung betrieben, hatte sie der Grundherr, das Augustinerchorherrenstift in Berchtesgaden, von den sonst üblicherweise zu leistenden Naturalabgaben befreit.

Wochenend und Sonnenschein
Besonders in Tourismusregionen werden alte Gebäude, die keinen anderen Zweck mehr erfüllen, zumindest noch an Fremde vermietet. So werden aus Bauernhäusern Ferienhäuser – eine typische Entwicklung, die auch das *Steinbichlhäusl* genommen hat. Von 1970 bis 1990 war es als Wochenenddomizil vermietet, aber nicht mehr regelmäßig bewohnt. In dieser Zeit war es der Mieter, der Reparaturen und kleinere Umbauten vorgenommen und mit Fantasie und einfachsten Mitteln unkonventionelle Lösungen für etwas mehr Komfort gefunden hat: Den Abort verlegte er vom *Schupfen* ins Hausinnere und baute stattdessen im Klohäuschen eine Dusche ein.

Das *Steinbichlhäusl*, ein Holzbau mit gemauerter Küche, war nie ein Bauernhof – es hatte nicht einmal einen richtigen Stall. Dafür gehörte zum Haus ein so genanntes verbrieftes „Bergrecht“, das heißt die Bewohner hatten Anspruch auf Arbeit als Bergknappen im Salzbergwerk Dürrnberg. Ein zusätzliches, wichtiges Einkommen erwirtschafteten sich die Bewohner mit Drechseln und Schnitzen: In der *Stube* wurde in Heimarbeit einfaches Spielzeug, die sogenannte „Berchtesgadner War“, hergestellt.

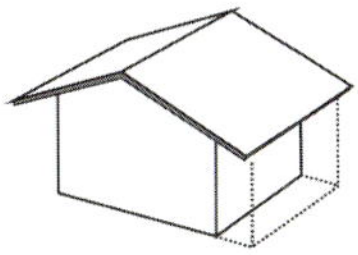

Bauphase I (Gründungsbau): 1621

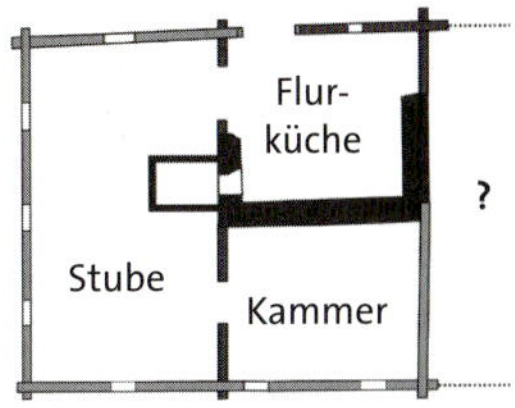

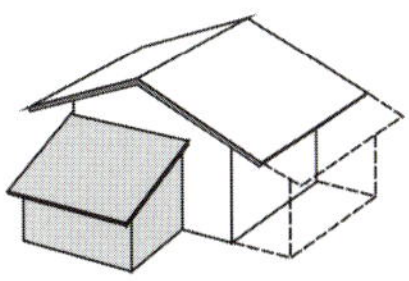

Bauphase II (Anbau Kammer): 1670

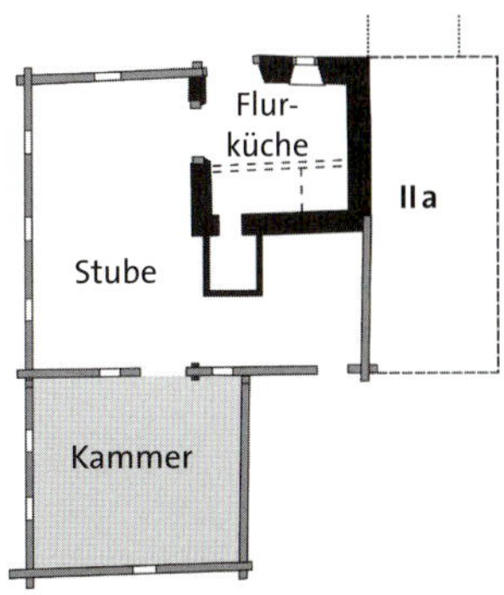

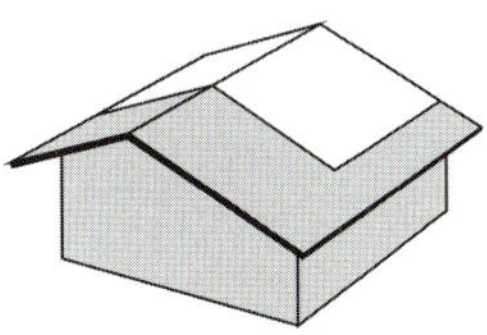

Bauphase III (Erweiterung): 1868

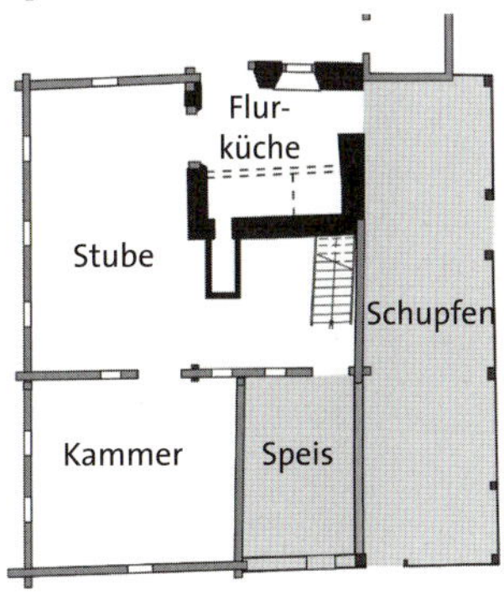

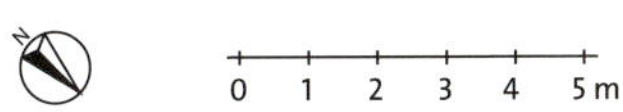

Ensemble Michl-Schiebl-Jackl

Ein Platz für Veranstaltungen
Das Wohnhaus aus Tyrlaching (61), das Wohnhaus aus Tyrlbrunn (62) und der Bundwerkstadel aus Steinhart (63) bilden auf dem Gelände der Glentleiten eine platzartige Bausituation. Die Anordnung der Gebäude zueinander entspricht aber nicht historischen Siedlungsstrukturen: Häuser und *Stadel* wurden im Freilichtmuseum neu kombiniert, weil entweder die historischen Nebengebäude nicht mehr existierten oder diese (auch als Neubauten) für das Museum nicht zur Verfügung standen. Der so entstandene Hofraum in der Mitte der drei Gebäude wird heute als Veranstaltungsplatz genutzt.

Die beiden Wohnhäuser waren ursprünglich Teile von Vierseithöfen, also großen Hofanlagen, meist bestehend aus einem Wohnhaus mit Rossstall, einem Stadel mit *Tenne*, einer Wagenhütte mit Getreidekasten und einem Kuhstall. Daneben gab es in der Regel noch weitere freistehende Nebengebäude. Der *Bundwerkstadel* wiederum war ursprünglich Teil einer Zwiehof-Anlage, die sich aus Wohnstallhaus und Stadel zusammensetzte.

Moderne Großschirme machen den Veranstaltungsplatz bei Bedarf „allwettertauglich“.

Wohnhaus aus Tyrlaching

Hausname: „Michl“
Gemeinde: Tyrlaching
Landkreis: Altötting
Erbaut: 1566 (d), umgebaut 1783 (d)
Abbau: 1974
Eröffnung im Museum: 1976
Präsentationszeit:
2. Hälfte des 19. Jh., 1930er Jahre
Besonderheit: originale offene Feuerstelle in der Austragsküche, bemalte Betten im OG

Dieses Wohnhaus mit angebautem Pferdestall war ursprünglich Bestandteil eines Vierseithofs, dessen Gebäude zum größten Teil bei einem Brand im Jahr 1942 zerstört wurden. Erhalten und an das Museum übergeben wurde das Wohnhaus, das 1566 unter Verwendung von Bauteilen eines älteren Gebäudes (Ende des 15. Jahrhunderts) errichtet worden war.

Pferdestall und Heulager wurden 1783 angebaut, im gleichen Jahr erneuerte man auch die mit *Legschindeln* gedeckte Dachkonstruktion über dem gesamten Gebäude.

Während das Obergeschoss des Wohnteils in *Blockbauweise* ausgeführt ist, findet sich über dem Pferdestall ein verschalter *Ständerbau* mit *Bundwerk*. Das Erdgeschoss ist jeweils gemauert. Auf der einen Seite des quer durch das Haus führenden Flurs liegen Küche und *Stube*, von der aus auch der Pferdestall zugänglich ist. Auf der anderen Seite des Flurs befinden sich die ehemalige *Austragskammer*, eine kleine Küche und die Speisekammer. In dieser „*Austragsküche*“ ist noch die originale offene Feuerstelle erhalten. Bis in die 1940er Jahre wurde sie zusätzlich genutzt, wenn – wie zum Beispiel zur Erntezeit – viele Leute im Haus waren.

Stube und Küche wurden in den 1930er Jahren umgebaut, dieser Zeit entspricht auch die Einrichtung: In der Küche sind die Originalmöbel und ein zeittypischer, gemauerter Herd zu sehen, die Stubenausstattung wurde dagegen nach Angaben der letzten Bewohner rekonstruiert – nur der Kachelofen ist original.

Der Stall dient im Museum für Veranstaltungen, seine Ausstattung wurde nicht wiederhergestellt. Die restlichen Räume des *Michls* zeigen eine für die zweite Hälfte des 19. Jahrhunderts typische Einrichtung. In einer der *Kammern* im Obergeschoss werden außerdem zwei bemalte Betten aus den 1790er Jahren präsentiert, die vom bekannten Aiblinger Möbelmaler Michael Böheim gefasst wurden.

Der Michl-Hof am alten Standort, Aufnahme vor 1920.

Vor dem Feuer

Bei dem Brand im Jahr 1942 wurden fast alle Gebäude des *Michl-Hofs* zerstört, nur Wohn- und *Zuhaus* blieben verschont. Davor war das Anwesen ein typischer Vierseithof: Neben dem Wohnhaus mit dem Pferdestall begrenzten drei weitere Gebäude den Innenhof der Anlage. Auf der gegenüberliegenden Seite lag der große *Stadel*, Kuhstall und Wagenremise vervollständigten das Ensemble. Zwei weitere Gebäude standen frei: das Zuhaus mit dem *Kornkasten* sowie ein *Schupfen*.

In Tyrlaching gehörte der *Michl-Hof* zu den großen Anwesen. Man besaß genug Grund, um ausschließlich von der Landwirtschaft zu leben. So standen 1930 zwei Pferde, acht Kühe, vier Ochsen und 18 Kälber im Stall, dazu hielt man zwei Schweine und 18 Hühner. Der Grundbesitz – Äcker, Wiesen und Wald – lag bei stolzen 34 Hektar. Bereits in den Jahrhunderten zuvor hatte der Hof eine stattliche Größe. Ab 1900 befand er sich im Besitz der Familie Jäger, die sich nach dem Brand allerdings einen neuen Hof am Ortsrand von Tyrlaching errichtete. Das alte Wohnhaus des *Michl-Hofs* wurde 1974 ins Freilichtmuseum übernommen.

Ausschnitt aus der Flurkarte von 1849

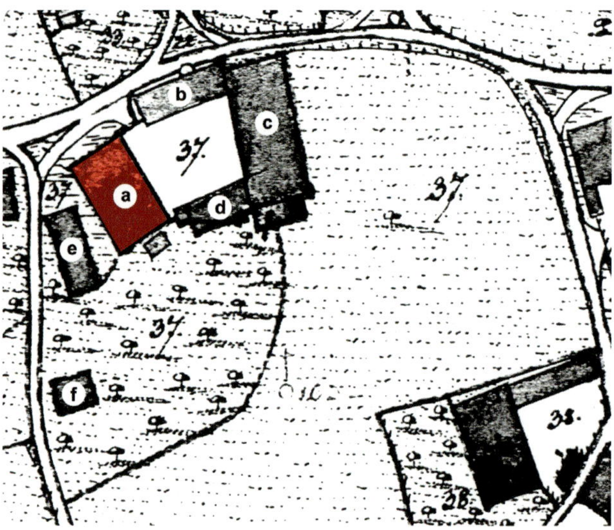

Hofanlage Vierseithof:
- a) Wohnhaus mit Pferdestall
- b) Remise
- c) Stadel
- d) Kuhstall
- e) Zuhaus mit Kornkasten
- f) Schupfen

Wohnhaus aus Tyrlbrunn

Hausname: „Schiebl"
Gemeinde: Palling
Landkreis: Traunstein
Erbaut: 1555 (d)
Abbau: 1975
Eröffnung im Museum: 1976
Präsentationszeit: 19./20. Jh.
Besonderheit: Wandmalereien im Obergeschoss

In Tyrlbrunn war dieses Wohnhaus, wie auch beim *Michl* (61), Teil eines Vierseithofes, der zu den großen und wirtschaftlich bedeutenden Höfen der Region gehörte.

Das Erdgeschoss mit Wohnteil und Pferdestall besteht ganz aus Mauerwerk, während das Obergeschoss aus Holz errichtet ist: im Wohnbereich als *Blockbau*, im Wirtschaftsteil als verschalter *Ständerbau*. In drei *Kammern* des Obergeschosses sind die Holzwände mit ungewöhnlichen, prächtigen Malereien geschmückt.

Der Flur ist rückwärtig erweitert – ein für das Wohnhaus eines Vierseithofs ungewöhnlicher Grundriss. Nach mündlichen Überlieferungen soll dieser Teil früher als Gaststube gedient haben, in den Schriftquellen findet sich hierfür aber kein Beleg. Mit einem Grundbesitz von 60 Hektar (im Jahr 1780) und später noch 47 Hektar (1850 bis 1930) konnte die Landwirtschaft immer im Vollerwerb betrieben werden. Im Freilichtmuseum sind Flur, Küche und *Stube* des ehemaligen Altenteils im Erdgeschoss zugänglich. Die offene Feuerstelle in der Küche ist ein Nachbau.

Von 1527 bis 1657 wurde der Hof von der Familie Schüpel bewirtschaftet, von der sich noch der Name *Schiebl* ableitet. Bis 1970 bewohnte dann die Familie Weinmayr über mehrere Generationen den Hof, beinahe 300 Jahre lang.

62

Wandmalereien im Schiebl
Im Obergeschoss sind drei *Kammern* – nicht heizbar und wahrscheinlich als Schlaf- oder Vorratsräume genutzt – großflächig mit wertvollen Wandmalereien ausgestattet. Sicherlich konnten sich so etwas nur wohlhabende Bauern leisten. Die Malereien im SCHIEBL weisen deutlich erkennbare Unterschiede in Stil und Ausführung auf, so dass man davon ausgehen kann, dass hier zu unterschiedlichen Zeiten mindestens zwei verschiedene professionelle Maler beschäftigt waren.

Vor dem Auftragen der Farbe mussten die Oberflächen der Wände aus behauenen Balken mit Lehmputz geglättet und Fugen geschlossen werden. Im nächsten Schritt wurde eine dünne *Kalkschlämme* als Grundierung aufgetragen, auf die nun gemalt werden konnte. Die Aufteilung der Malerei auf den Wänden aller drei Räume folgt einem festen Muster: Über einer in Felder aufgeteilten Sockelzone liegt die eigentliche Bildfläche, Sockel und Bild sind durch umlaufende Friese voneinander getrennt.

Die beiden rechterhand der Treppe liegenden Kammern wurden wahrscheinlich vom gleichen Maler ausgeschmückt. Eine Inschrift über der Tür datiert die Malereien auf das Jahr 1691. Zwischen dichtem Rankenwerk finden sich in der einen Kammer Darstellungen des Heiligen Sebastian und des

oben: Der Heilige Florian in „Aktion".
links: Detail der Jagdszene.

Heiligen Georg als Drachentöter, außerdem eine Jagdszene – für ein Bauernhaus ein ungewöhnliches Thema, denn das Jagen war damals nur dem Adel erlaubt. In der zweiten Kammer sind an einer Wand drei damals populäre Heilige dargestellt: Ursula, Florian und Laurentius.

Die Malereien in der dritten Kammer sind vermutlich älter, sie sind qualitätvoller und stammen von einem anderen Maler. Als Bild im Bild ist eine Szene aus der Passion Christi, Jesus am Ölberg, zu erkennen. Auf einer weiteren Wand sind Figuren in zeitgenössischer, spanischer Tracht zu sehen – zu Pferd und im Prunkschlitten, auch dies keine Szenen aus dem bäuerlichen Alltagsleben.

Auffallend ist, dass die Maler wenig Wert auf Perspektive und Komposition legten, dafür umso genauer Details wie modische Kleidung oder Geschirr der Pferde schilderten, die für den damaligen Betrachter sofort erkennbar waren.

Um die Malereien bei der Übernahme ins Freilichtmuseum möglichst nicht zu beschädigen, wurden die Wände im Ganzen transportiert. Fehlstellen und bereits schadhafte Partien sind im Museum restauriert worden.

Wandmalereien

Ausgemalte Kammern

Freskenzyklen und gemalte Dekorationen kennen wir vor allem aus Kirchen und Adelspalästen. Aber auch am und im Bauernhaus gibt es großflächige Wandmalereien von erstaunlicher Qualität. Manchmal sind sogar ganze Innenräume komplett ausgemalt worden, meist Wohn- und Schlafräume, aber auch Vorratskammern. Die bislang bekannten Beispiele – die Materialsammlung des Freilichtmuseums Glentleiten umfasst 13 Anwesen mit Wandmalereien – konzentrieren sich auf das Gebiet des südöstlichen Oberbayern sowie das angrenzende Salzburger Land. Diese Region, die heute von einer Staatsgrenze zerschnitten wird, gehörte vor 1803 zu den historischen Territorien des ehemaligen Erzstiftes Salzburg. In Bayern sind das heute Gebiete der Landkreise Traunstein, Altötting sowie das nördliche Berchtesgadener Land, der so genannte Rupertiwinkel. Entstanden sind die Malereien in einem Zeitraum von rund 120 Jahren, von der zweiten Hälfte des 16. Jahrhunderts bis zum Ende des 17. Jahrhunderts. Als Vorbilder dienten Wanddekorationen in Kirchen und adeligen Wohnsitzen sowie Motive der zeitgenössischen Druckgraphik. Darüber, wer die Bildprogramme zusammengestellt hat und welche Künstler oder Werkstätten sie ausgeführt haben, wissen wir nichts.

Die meisten der bekannten ausgemalten Räume befinden sich im Obergeschoss. Ihr deutlich repräsentativer Anspruch passt nicht recht zur vermuteten Nutzung als Schlaf- und Abstellkammern. Über eine besondere Funktion fehlen archivalische Hinweise.

oben: Wandmalereien im Mörner, Wohnhaus aus Heretsham (Nr. 64).
unten: Detailansicht Weinreben

Bundwerkstadel aus Steinhart

Hausname: „Jackl"
Gemeinde: Pfaffing
Landkreis: Rosenheim
Erbaut: 1788
Abbau: 1972/1976
Eröffnung im Museum: 1977
Besonderheit:
Raum für Veranstaltungen des Freilichtmuseums

Der im Freilichtmuseum ausgestellte *Bundwerkstadel* war ursprünglich Teil eines „Wasserburger Zwiehofs" – eine Hofanlage aus Wohnstallhaus und *Stadel*.

Die Übernahme ins Freilichtmuseum ist nicht die erste Versetzung des Gebäudes: Anlässlich der Olympischen Spiele 1972 wurde der Bundwerkstadel auf dem Jakobsplatz in der Münchner Innenstadt aufgebaut, wo er als Eingangsbau zu einer Ausstellung über bayerische Kunst und Kultur diente. An der Glentleiten wird der JACKL wegen seiner Größe und zentralen Lage im Museum als Raum für verschiedene Veranstaltungen genutzt.

Die Scheune ist im wesentlichen ein *Ständerbau* mit Massivbauteilen, eine Giebelwand ist sogar komplett gemauert. Auf drei Seiten besitzt der JACKL eine *Bundwerkkonstruktion*, bei der die Verstrebungen und Aussteifungen als Schmuckformen ausgebildet sind.

1721 sind Jakob und Ursula Jackl als Hofbesitzer eingetragen – sie gaben dem Hof seinen Namen. Der JACKL gehörte um 1760 zur Grundherrschaft des Klosters Rott, ab 1814 dann zum Landgericht Wasserburg. Im Jahr 1857 umfasste der Grundbesitz etwa 34 Hektar.

Im Inneren des Stadels befand sich der Stapelraum für die Ernte, außerdem die Einfahrts- und Dreschtenne sowie zwei Speicherräume für ausgedroschenes Getreide, die sogenannten *Tennkastl*. Beim Wiederaufbau an der Glentleiten wurde die Westseite stark verändert, der Nordgiebel aus Feuerschutzgründen zudem komplett gemauert.

Taubenhaus aus Sielenbach
Vor dem Stadel steht ein originelles Taubenhaus, es stammt aus Sielenbach im Landkreis Aichach. In Form eines Miniaturbauernhauses thront es auf einem hohen Pfahl und ist mit aufgemalten Fenstern und geschweiften Abschlussbrettern verziert. Die umlaufenden Anflugleisten, die als Balkone erscheinen, sind bewusst mit Abstand vor dem Häuschen angebracht. So konnte der Taubenkot, den man als Dünger nutzte, nach unten durchfallen. Taubenfleisch ergänzte übrigens (wie das Fleisch anderer Kleintiere) den Speisezettel der Hofbewohner.

Wohnhaus aus Heretsham

Hausname: „Mörner"
Gemeinde: Kienberg
Landkreis: Traunstein
Erbaut: 1597
Abbau: 1977
Eröffnung im Museum: 1980
Präsentationszeit: um 1900
Besonderheit: Ausstellungsräume, Vorführwerkstätten, Wandmalereien im OG

In diesem Wohnhaus präsentiert das Museum traditionelles ländliches Handwerk und Gewerbe. Die Räume im Erdgeschoss des Wohnteils sind als Werkstätten für Handwerksvorführungen eingerichtet. Der Wirtschaftsteil wiederum beherbergt Ausstellungen zu ländlichem Nischengewerbe in Oberbayern. Im Obergeschoss sind zudem prächtige Wandmalereien aus dem 17. Jahrhundert zu sehen. Wegen dieser Wandmalereien wurde das Haus auch an die Glentleiten übernommen.

Am ursprünglichen Standort in Heretsham war das Wohnhaus Teil einer imposanten Vierseithofanlage. Diese gehörte zum direkt daneben liegenden Schloss Heretsham, das 1404 durch das Trostberger Adelsgeschlecht der Herzheimer erbaut worden war. Der Hof wird zum ersten Mal 1484 urkundlich erwähnt, um 1625 ist Christoph Mörner als Hofbesitzer genannt. In dieser Zeit bürgerte sich auch der Hausname ein.

Schuhgelenkfabrik Sollfrank

Zur Hofanlage gehörten um 1813 das im Museum wieder aufgebaute Wohnstallhaus, Kuhstall, *Stadel*, *Remise*, *Zuhaus* und Brunnenhaus. 1831 wurde im Erdgeschoss des Wohnhauses der hölzerne *Blockbau* durch Mauerwerk ersetzt und die Fenster vergrößert. Der *Mörner* war ein stattliches Anwesen, was auch im Viehbestand zum Ausdruck kam: Sechs Pferde im Stall konnten sich nur wohlhabende Bauern leisten. 1930 umfasste der Grundbesitz etwa 53 Hektar – das entspricht einer Größe von rund 74 Fußballfeldern. Neben den Pferden hielt man zwei Ochsen als Zugtiere, etwa acht Kühe, sechs Kalbinnen, neun Stück Jungvieh, fünf Schweine und 20 Hühner.

Ländliches Handwerk und Gewerbe
Die Werkstätten im Erdgeschoss des Wohnteils zeigen einen Ausschnitt aus der Vielfalt des ländlichen Handwerks, das eine zentrale Rolle in der dörflichen Selbstversorgung spielte.

Im ehemaligen Wirtschaftsteil des *Mörner-Hofs* werden im Erdgeschoss Maschinen der „Schuhgelenkfabrik Sollfrank" aus Au bei Bad Aibling präsentiert. Der Unternehmer Frank Sollfrank produzierte im 20. Jahrhundert (bis ins Jahr 2000) elastische Plättchen aus Buchenholz, die als „Gelenk" zwischen Ober- und Untersohle hochwertiger Schuhe eingelegt werden und belieferte damit Schuhfabriken weltweit.

Im Obergeschoss ist eine ungewöhnliche Maschine zum Knüpfen von Rohrmatten zu sehen, die 2001 als Sachspende in die Sammlung des Museums kam. Schilfrohrmatten dienten beim Hausbau als Putzträger. Die manuell betriebene Knüpfmaschine war seit Ende des 19. Jahrhunderts im Einsatz und ist ein Beispiel für eine unkonventionelle Geschäftsidee.

Morgendliches Naturschauspiel,
im Vordergrund der Mörner mit Windrad.

64 | Wohnhaus aus Heretsham

Teile der Werkstatt im Museum

Ein bayerischer Italiener

Im *MÖRNER* ist Inventar der ehemaligen „Spenglerei Zannantonio“ aus Starnberg ausgestellt (Obergeschoss des Wirtschaftsteils). Der Lebenslauf des ehemaligen Werkstattbesitzers spiegelt die damaligen Lebensverhältnisse aus der Perspektive der Zuwanderer: Der „bayerische Italiener“ Pietro Zannantonio stammt aus einem Dorf in den Dolomiten. Mangels wirtschaftlicher Perspektiven in seiner Heimat musste Pietro, wie auch schon sein Vater, als Saisonarbeiter ins Ausland gehen. Seit 1900 arbeitete er im Sommerhalbjahr als wandernder Kesselflicker in der Gegend um Starnberg, wo er sich im Jahr 1909 schließlich mit seiner Familie niederließ und später eine eigene Werkstatt eröffnete. Hier wurde mit Drückbank, Spindelpresse und Formen einfaches Haushaltsgeschirr aus Blech hergestellt. Aus dem ärmlichen Wanderarbeiter wurde ein erfolgreicher und angesehener Geschäftsmann.

Pietro Zannantonio (links) bei der Arbeit um 1913.

Soldaten auf der Wand

Eine der Schlafkammern im Obergeschoss des Wohnteils – angeblich sollen es ursprünglich wie beim *Schiebl* (62) mehrere gewesen sein – ist mit Wandmalereien geschmückt. Auch wenn eine inschriftliche Datierung fehlt, dürften diese aus dem 17. Jahrhundert stammen. Das Bildfeld (die Wand) ist zweigeteilt: Über einer Sockelzone mit aufgemaltem Wandbehang wuchern Weinreben mit großen, ungelenk gemalten Trauben. Ohne Beachtung von Proportionen schreiten zwischen den Pflanzen Landsknechte mit Fahne, Büchse und geschulterter Hellebarde durch das Bild. Die Wandmalereien im *Mörner* sind ein Beleg für die Popularität der Figur des Landsknechts, der als Söldner ein Negativbeispiel war für ein unmoralisches und verwerfliches Leben, aber zugleich auch die Möglichkeit des sozialen Aufstiegs der unteren Klassen verkörperte.

Getreidekasten aus Moosen

Hausname: gehörte zum „Mooserhof“	
Gemeinde: Tittmoning	
Landkreis: Traunstein	
Erbaut: 1512 (d), nachträglich überbaut im 19. Jh.	
Abbau: 1975	
Eröffnung im Museum: 1978	
Präsentationszeit: Anfang 20. Jh.	
Besonderheit: Wandmalereien im OG	

Der Getreidespeicher gehörte zu einem stattlichen Einödhof, dem *Mooser*, und wurde 1512 frei stehend als zweigeschossiger *Blockbau* errichtet. Vermutlich im 19. Jahrhundert erfolgte auf zwei Seiten die Einhausung mit einer *verschalten Ständerkonstruktion*. Der hierdurch entstandene zusätzliche Raum wurde zum Unterstellen von Wagen genutzt.

Seine kulturgeschichtliche Bedeutung bekommt der *Mooser Kasten* durch repräsentative Wandmalereien, die sich im Inneren des Obergeschosses verstecken. Eine Inschrift gibt 1575 als Entstehungsjahr an. Zu diesem Zeitpunkt wurde der Raum noch zur Lagerung von Getreide genutzt – die Bemalung beginnt daher erst oberhalb der inzwischen ausgebauten *Gefache* zur Lagerung des Korns. Über einem stilisierten Wandbehang folgt die eigentliche Bildzone mit einfachen Blattranken. Von der Tür aus fällt der Blick zunächst auf die Giebelwand: Sie zeigt eine formelhafte Stadtansicht mit Wehrtürmen, Kirchen und Bürgerhäusern. Flankiert wird diese Darstellung von einem vornehmen Reiter auf der einen und einer Kutsche auf der anderen Seite. An der rechten Wand ist eine Jagdszene zu sehen; daneben finden sich die Darstellung zweier Landsknechte sowie die eines pflügenden Edelmanns.

Detail der Wandmalerei rechts neben der Tür: Paar in herrschaftlichen Gewändern.

Der Maler hat keine Motive aus dem bäuerlichen Alltagsleben gewählt – auch die Feldarbeit ist nicht wirklichkeitsnah dargestellt, sondern vielleicht als eine symbolische Handlung zu verstehen. Für die Lesbarkeit der Motive war die Genauigkeit im Detail wichtig: Kleidung, Kutschentyp oder die Art der Anspannung mussten wiedererkennbar sein. Maßstab und Perspektive spielten hingegen keine Rolle, ebenso wenig der logische Bildzusammenhang. Die meisten Motive stammen aus der Lebenswelt der zeitgenössischen sozialen Oberschicht, dem Adel.

Detail der Wandmalerei an der rechten Wand: pflügender Edelmann.

Wandmalerei auf der Giebelwand im Obergeschoss, unter der Firstpfette die Datierung der Malerei. Gut zu erkennen sind die Spuren der ursprünglich eingebauten Truhen zur Lagerung des Getreides.

64 a | Getreidekasten aus Moosen

Hausname: gehörte zum „Wolfmaier“-Anwesen
Gemeinde: Garching/Alz
Landkreis: Altötting
Erbaut: 1926
Abbau: 1995
Eröffnung im Museum: 1998
Präsentationszeit: 1985

Windrad aus Garching

Das 14 Meter hohe Windrad wurde im Jahr 1926 von dem Brunnenbauer und Landwirt Peter Wolfmaier mit Unterstützung eines Schlossers gebaut, um das Anwesen mit fließendem Wasser zu versorgen. Der Rotor war als Bausatz der Firma Aufschläger in Simbach erhältlich, der untere Teil der Anlage ist eine Eigenkonstruktion aus handelsüblichem Baustahl.

Das Windrad pumpte Wasser aus einem 26 Meter tiefen Brunnen in ein Reservoir. Die Anlage wurde Ende der 1950er Jahre stillgelegt, aber Paul Dirksen, der Enkel des Erbauers, renovierte und reaktivierte sie 1984, wobei sie eine Werbeaufschrift für sein Büromaschinengeschäft erhielt. Bereits zwei Jahre später zerstörte ein Orkan die Anlage. Die Einzelteile des Rotors wurden eingelagert.

Im Museum steht das Windrad neben dem *Mörner-Hof* (64), der Anfang des 20. Jahrhunderts ebenfalls mit einem Windrad zur Wasserförderung ausgestattet war.

„Richtfest“ nach Renovierung 1984

Das Windrad ist nach dem „Eklipsesystem" konstruiert, bei starkem Wind dreht die kleine Windfahne die Anlage selbsttätig aus dem Wind.

Bundwerkstadel aus Albaching

Hausname: „Käser"
Gemeinde: Pfaffing
Landkreis: Rosenheim
Erbaut: 1841 (d)
Abbau: 1977
Eröffnung im Museum: 1978
Besonderheit: Museumsdepot

Der *Stadel* ist ein *Holzständerbau* und im Obergeschoss als *Bundwerkkonstruktion* ausgeführt. Die dichte Anordnung der Verstrebungen ist keine statische Notwendigkeit, sondern dient vorrangig der Zierde und Repräsentation. Im Freilichtmuseum wird das Gebäude als Depot genutzt und ist daher nicht öffentlich zugänglich.

Der 1841 erbaute Stadel war ursprünglich Teil des Dreiseithofes *Messerer*. In der ersten Hälfte des 19. Jahrhunderts vergrößerte sich der Grundbesitz des Anwesens in Albaching, woraufhin die Ernteerträge deutlich gesteigert werden konnten. Das machte den Bau eines neuen Stadels notwendig. Im Jahr 1892 erwarb dann der Gast- und Landwirt Alois Käser den Stadel. Dessen Geschäfte florierten aufgrund der neueröffneten Eisenbahnlinie zwischen Ebersberg und Wasserburg, so dass er zusätzlichen Bergeraum für seine Landwirtschaft benötigte.

Hinter dem großen Tor in der Mitte der *Traufseite* lag die Durchfahrtstenne. Zu beiden Seiten der *Tenne* befand sich Stapelraum für Erntegut. Durch das kleinere Tor gelangte man zur *Remise*, wo die Wagen abgestellt wurden.

Säulengöpel (vor dem Bundwerkstadel)

Göpel wurden in der Landwirtschaft insbesondere in der Zeit von etwa 1850 bis in die 1930er Jahre eingesetzt. Sie dienten in erster Linie dem Antrieb von Dresch- oder Futterschneidemaschinen, aber auch von Kreissägen. Etwa ab 1890 verbreitete sich diese Antriebstechnik durch die Erfindung der Göpeldreschmaschine nochmals bedeutend, so dass um 1900 auf den meisten großen Höfen ein Göpel stand.

Beim Göpel wird eine senkrechte Achse durch Pferde oder Ochsen über den Zugbaum in langsame Umdrehung versetzt. Eine eingebaute Zahnradübersetzung vervielfacht die Drehzahl entsprechend der anzutreibenden Maschine. Die Weiterleitung der Kraft erfolgt beim stehenden Göpel oder Säulengöpel über den Köpfen der Zugtiere: Am oberen Ende der senkrechten Achse befinden sich ein weiteres Zahnradgetriebe und eine Riemenscheibe, von der über Treibriemen und eine Transmissionswelle die Arbeitsmaschine angetrieben wird.

Werdenfelser Heustadel

Gemeinden:
Garmisch-Partenkirchen, Krün

Landkreis: Garmisch-Partenkirchen

Erbaut: Ende 19./Anfang 20. Jh.

Abbau:
Heustadel aus Wamberg: 1980,
Heustadel aus Partenkirchen: 1981,
Heustadel aus Gerold: 1984

Eröffnung im Museum: alle 1986

Präsentationszeit: Anfang 20. Jh.

Freistehende Heustadel in *Blockbauweise* gibt es im Alpenraum und in Skandinavien. Die drei im Freilichtmuseum gezeigten *Werdenfelser Heustadel* gehörten ursprünglich zu verschiedenen Anwesen in Partenkirchen, Mittenwald und Wamberg.

Zum Schutz gegen Schlagregen sind die Wände nach außen geneigt. Die Rundholzbalken liegen dabei nicht direkt aufeinander – diese Konstruktion dient der besseren Durchlüftung des Heustocks. Typisch ist zudem die auf die Giebelwand aufgesattelte Firstsäule: Sie verleiht dem Dach die nötige Stabilität in der Längsrichtung. Ursprünglich waren die Heustadel nur durch das offene Giebeldreieck zugänglich, Türen gab es keine. Seit Beginn des 20. Jahrhunderts wurde diese Öffnung in der Regel mit Brettern verschlossen.

Das raue Klima und die Höhenlage zwangen die Bauern in der Werdenfelser Region, überwiegend Viehwirtschaft zu betreiben. Der Heubedarf für die Winterfütterung konnte nur zum Teil im Wirtschaftsteil der Höfe untergebracht werden. Daher gehörten zu einem Hof je nach Größe bis zu zehn freistehende Heustadel. Auch das Heu der weiter entfernten einmähdigen Bergwiesen wurde in solchen *Stadeln* eingelagert. Mit Schlitten bzw. Fuhrwerken erfolgte dann im Herbst und Winter der Transport zum Hof. Während der Mäharbeiten, die in mühsamer Handarbeit mit der Sense erfolgten, wurden die Stadel auch als Schlafplatz genutzt.

Sennerinnen, Wildschützen und Hüte-buben

Alm- und Forstwirtschaft

Alm- und Forstwirtschaft

Sechs originale Almgebäude aus fünf Jahrhunderten repräsentieren im Freilichtmuseum die historische Almwirtschaft Oberbayerns vom Berchtesgadener Land bis zum Ammergebirge. Jedes Gebäude hat seine eigene Geschichte und trägt die Spuren derer, die darin arbeiteten und lebten. Daraus wurden Themenschwerpunkte entwickelt, die sich zu einem facettenreichen Bild des vergangenen Lebens in den Bergen zusammenfügen. Ergänzt wird die Baugruppe durch eine Jagd- und Forsthütte aus den Chiemgauer Alpen.

Historische Aufnahme aus den frühen 1930er Jahren, Haidenholzalm bei Schleching. Häufig wurden die Tiere direkt auf dem weitläufigen Almgelände gemolken.

Sommerweiden im Gebirge

Almwirtschaft im Alpenraum gibt es nachweislich seit rund 2000 Jahren. Almen sind Weideflächen im Gebirge, auf denen das Vieh im Sommer, abgeschieden vom Heimathof, gehalten wird. In dieser Zeit betreuen Hirten, Senner oder Sennerinnen die Tiere. Auf bayerischen Almen weiden vor allem Rinder, aber auch Schafe, Ziegen, Pferde und Schweine. Als Unterkunft für Mensch und Tier und als Arbeitsraum dienen einfache Gebäude, die Almhütten oder *Kaser*. Die Sommerweide auf der Alm ermöglicht dem Bauern, das gesamte von den Wiesen im Tal gewonnene Heu als Winterfutter für seine Tiere zu verwenden.

Auf der Alm das Wichtigste

Die Tiere sind ein Teil des bäuerlichen Kapitals. Von ihrem körperlichen Zustand und ihrer Unversehrtheit hängt der betriebswirtschaftliche Erfolg des Almsommers ab. Die Milch der Tiere wird auf „Sennalmen“ zu Butter, Quark und Käse verarbeitet. Auf „Galtalmen“ weidet Jungvieh, das noch keine Milch gibt. Auf dem Almgelände im Museum weiden jeden Sommer Rinder alter heimischer Rassen, meist Mutterkühe mit ihren Kälbern.

Im Sommer weiden Murnau-Werdenfelser Rinder auf den Flächen der Almbaugruppe.

In verschiedenen Höhenlagen
Karge Böden und kurze Vegetationsperioden zwingen die Bauern in alpinen Regionen zum Ausschöpfen aller natürlichen Ressourcen. Der manchmal sehr mühselige Auftrieb der Tiere auf die Alm erfolgt gegen Mitte Juni, Ende September geht es meist zurück ins Tal.

Nach einem erfolgreichen Sommer ohne Unglücksfall ist der Almabtrieb bis heute ein festlicher Anlass, zu dem die Tiere, insbesondere die „*Kranzkuh*“, aufwendig geschmückt werden.
Je nach Höhenlage werden Almen unterschieden in sogenannte Nieder-, Mitter- und Hochleger.

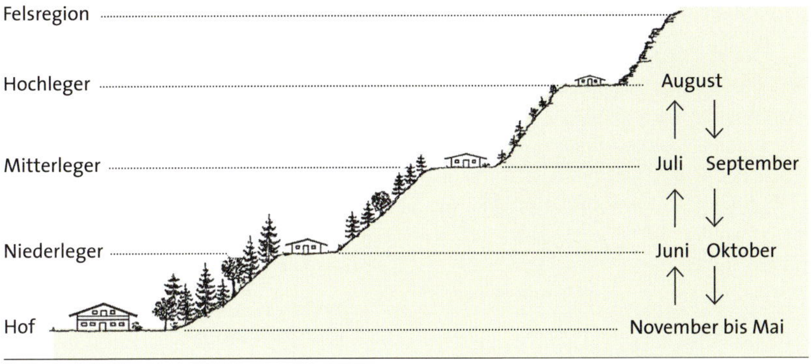

Hainzenkaser von der Königsbachalm

Hausname: „Hainzenkaser“	
Höhenlage: ca. 1300 m ü. M.	
Gemeinde: Schönau	
Landkreis: Berchtesgadener Land	
Erbaut: 1689; Umbau 1794	
1. Abbau: 1970, Wiederaufbau beim Heimatmuseum Berchtesgaden	
2. Abbau: 1993	
Eröffnung im Museum: 2003	
Präsentationszeit: 1. Hälfte 19. Jh.	
Besonderheit: „Rundumkaser“	

Der *Hainzenkaser* ist einer der wenigen erhaltenen, echten „Rundumkaser“. Bei diesem archaisch wirkenden Gebäudetyp ist der Wohn- und Arbeitsraum auf allen vier Seiten vom Stall umgeben. Deshalb hat das „Kaserstöckl“ auch kein Fenster, Tageslicht gelangt nur durch die geöffnete Tür ins Innere.

Diese Bauform ist eine Besonderheit. Im gesamten Alpengebiet ist sie nur in den Bergen des Berchtesgadener Landes, im angrenzenden Salzburger Land und in Slowenien anzutreffen. Im „Rundumkaser“ leben Mensch und Tier auf engstem Raum zusammen.

Das „Kaserstöckl“ ist wie eine separate kleinere Kiste in das Gebäude eingestellt. Mensch und Tier leben hier auf engstem Raum zusammen.

Das Gebäude ist ein *Blockbau*: Der Wohnteil ist aus dicht gefügten, sauber gebeilten und gehobelten Kanthölzern errichtet, der Wirtschaftsteil aus Rundhölzern. Das Dach ist mit *Legschindeln* eingedeckt. Seit seiner Erbauung ist der *Hainzenkaser* kaum verändert worden. Da Almhütten nur saisonal genutzt wurden und schwer erreichbar waren, stattete man sie auch nur mit dem Allernötigsten aus. Der *Kaser* spiegelt das bescheidene, auf die Arbeit ausgerichtete Leben der Sennerinnen wider. Die Inneneinrichtung, so wie sie heute zu sehen ist, wurde nach Spuren im Gebäude und nach Bildquellen rekonstruiert.

Nur im Bereich der Feuerstelle ist die Wand gemauert. Die Herdstelle ist in den Boden eingetieft und mit Balken eingefasst. Der große Kessel aus Kupfer ist der einzige Wertgegenstand auf der Alm und wird zum Käsen gebraucht.

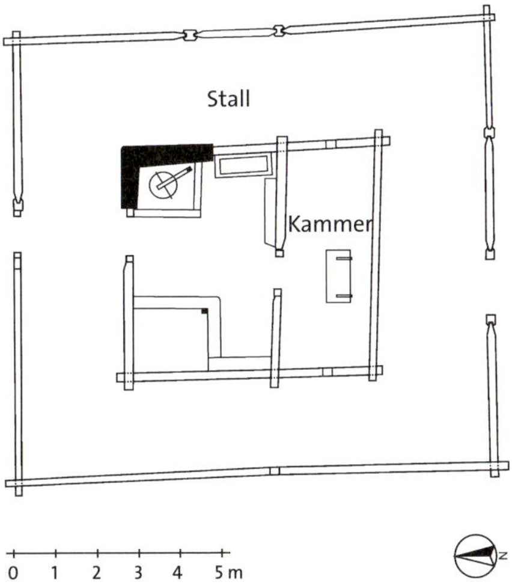

Brunnerkaser von der Mordaualm

Hausname: „Brunnerkaser"
Höhenlage: 1180 m ü. M.
Gemeinde: Ramsau
Landkreis: Berchtesgadener Land
Erbaut: 1507; 1787 und 1955 umgebaut
Abbau: 1981
Eröffnung im Museum: 1989
Präsentationszeit: um 1900
Besonderheit: Der Brunnerkaser zählt zu den ältesten erhaltenen Almgebäuden im Alpenraum.

Der Brunnerkaser ist ein Rundholzblockbau mit *Legschindeldach*. Das „Kaserstöckl" wurde 1507 als Teil eines „Rundumkasers" errichtet und blieb über 500 Jahre so gut erhalten, weil es lange Zeit wettergeschützt im Inneren lag. Erst beim Umbau 1787 wurde es an die Außenwand gerückt und erhielt ein Fenster zur Belichtung. Der *Kaser* diente als Niederleger und wurde bis 1967 bewirtschaftet.

Das Innere des Brunnerkasers mit dem in die Ecke gerückten „Kaserstöckl" von 1507. Der Stallbereich ist deutlich größer als der Wohnbereich der Sennerin.

Die Sage von der Mordaualm
Die schöne Sennerin von der Alm im Lattengebirge war ihres Geliebten überdrüssig. Als dem Berchtesgadener Land ein kriegerischer Überfall durch bayerische Soldaten drohte, kam der Bursche auf die Alm, um sie zu beschützen. Sie aber wollte ihn sich vom Hals schaffen, um sich mit ihrem neuen Liebhaber, einem Jäger, zu treffen. Also schickte sie ihn fort in gefährliche Höhen, ein Edelweiß für sie zu pflücken. Dabei stürzte er ab und kam um. Die Sennerin und der Jäger wurden bei ihrem Stelldichein von den Soldaten des bayerischen Herzogs überfallen und ermordet. Seither trägt die Alm den Namen Mordau.

Bei dem einbeinigen Hocker handelt es sich um einen Melkschemel, den sich die Sennerin mit einem Riemen umbinden konnte.

„Kaserstöckl“ mit Blick in Schlafkammer und Vorratskammer.

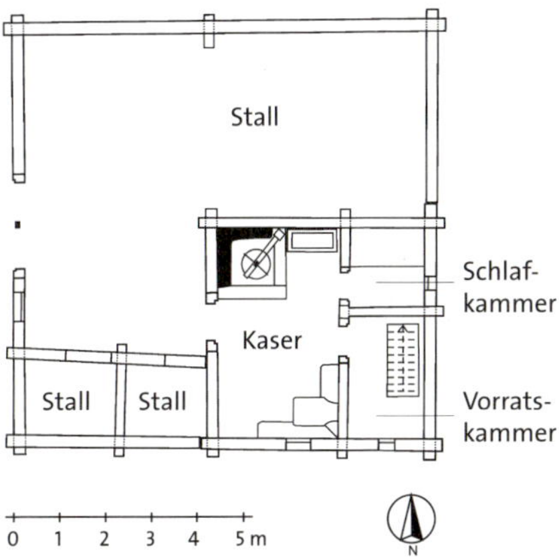

Doppelkaser von der Mitterkaseralm

Hausnamen: „Schwabenkaser" und „Hanötzkaser"
Höhenlage: 1410 m ü. M.
Gemeinde: Schönau
Landkreis: Berchtesgadener Land
Erbaut: 1856
Abbau: 1983
Eröffnung im Museum: 1989
Präsentationszeit: um 1930

Als sogenannter Mitterleger wurde die Alm von Ende Juni bis Ende Juli und von Mitte August bis Mitte September befahren. Dieser Doppelkaser, ein Kantholzblockbau, gehörte zu zwei Höfen: dem Schwabenlehen aus Ramsau (*Schwabenkaser*) und dem Hanötzlehen aus Schönau (*Hanötzkaser*). Beide schickten im Sommer ihre Sennerin mit je fünf bis zehn Stück Vieh auf die Alm. Die Frauen wirtschafteten völlig getrennt in dem Gebäude, das in Firstrichtung in zwei Hälften geteilt war.

Unterschiedliche Nutzung unter einem Dach: Traditionelle Almwirtschaft mit Käsekessel über Feuerstelle – und Gastwirtschaft mit Küchenherd zur Bewirtung von Bergwanderern.

Der Doppelkaser fügt sich harmonisch in die Landschaft an der Glentleiten. Im Hintergrund nicht der Watzmann, sondern der Gipfel des Heimgartens.

Der *Kaser* lag nah am Wanderweg zum Watzmannhaus, sodass sich der Betrieb einer kleinen Alm-Gastwirtschaft für die Bäuerin im *Schwabenkaser* anbot. Während sie selbst den ganzen Sommer über Wanderer bewirtete, wurde das Vieh von einer Sennerin und einem Hütebuben betreut. Für den Bewirtungsbetrieb war der Kaser in den 1920er Jahren extra umgebaut worden. Küche und Schlafkammer wurden zu einem Raum zusammengelegt und eine Decke eingezogen. Im neu entstandenen Dachboden befand sich der Schlafplatz von Bäuerin und Sennerin. Die offene Feuerstelle ersetzte man durch einen eisernen Herd mit gemauertem Kamin. Für Gäste wurden zusätzliche Schlafplätze auf dem Dachboden über dem Stall eingerichtet sowie außen ein überdachter Sitzplatz angebaut.

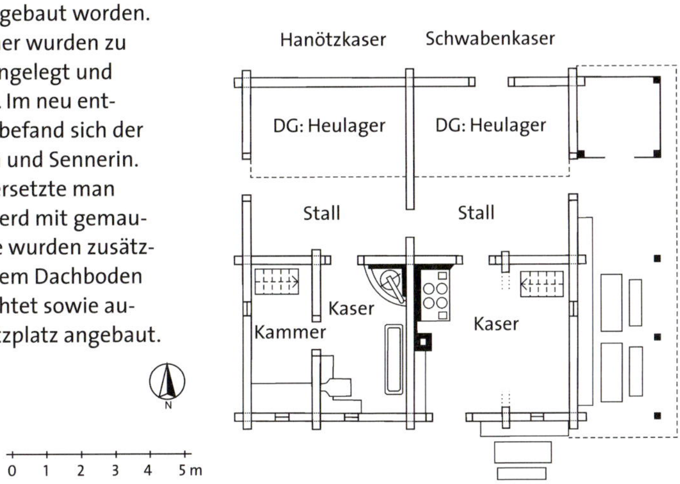

Giebelseite des Doppelkasers mit Eingang in die Almwirtschaft.

23 Jahre Sennerin im Hanötzkaser
Im Alter von 22 Jahren löste Nani Stocker ihre Tante als Sennerin ab und verbrachte ihren ersten Sommer auf der Alm. Von da an arbeitete sie 23 Jahre lang jeden Sommer auf der Alm, immer mit größter Achtsamkeit und Fürsorge um das Wohl der zehn bis zwölf Stück Vieh.

Für die Sennerin bedeutete der Aufenthalt im *Hanötzkaser* ein sehr bescheidenes Leben. Fast 100 Jahre lang betrieben die Besitzer des Hanötzlehens aus Schönau den *Hanötzkaser*. Während dieser langen Zeit hatte sich am Ablauf der täglichen Arbeiten des Almbetriebs nichts wesentlich geändert. Das Leben verlief so, wie es auf fast allen Almen im Berchtesgadener Land über viele Jahrhunderte üblich war.

Sennerin Nanni Stocker, 1930er Jahre

Eine andere Welt: faszinierende Geschichten vom Leben auf der Alm.

Hanndlkaser von der Duslaualm

Hausname: „Hanndlkaser"
Höhenlage: ca. 1200 m ü. M.
Gemeinde: Kreuth
Landkreis: Miesbach
Erbaut: 1793; Verlängerung 1895
Abbau: 1992
Eröffnung im Museum: 2003
Präsentationszeit: um 1980
Besonderheit: Schwerpunktthema „Hütekinder" – kleine Helfer auf der Alm; originale Stalleinrichtung

Die Duslaualm diente als Niederleger. Mitte des 19. Jahrhunderts sind hier drei *Kaser* und ein gemeinschaftlicher Heustadel verzeichnet, die vom Hanndl-, vom Zahler- und vom Spitzer-Hof in Kreuth bewirtschaftet wurden. Beim *Hanndlkaser* handelt es sich um ein typisches Almgebäude des nordalpinen Raums mit kleinem Wohnteil und großem Stall.

Der Rundholz*blockbau* hat ein *Legschindeldach* und wurde bis in die 1980er Jahre almwirtschaftlich genutzt. Die Bettstelle, der so genannte *Kreister*, ist nach Befund, das heißt nach Spuren in den Holzbauteilen, rekonstruiert.

Auf der Duslaualm waren im Laufe der Zeit etliche Hütebuben beschäftigt: Die Sennerinnen hatten zum Hüten des Viehs öfter einen „Kiabua", manchmal auch ein „Hiatamadl" als Hilfskraft an ihrer Seite. Die Hütekinder waren zwischen acht und 15 Jahre alt und stammten meist aus der Familie des Almbauern oder aus ärmeren Familien, die froh waren, wenn den Sommer über ein Esser weniger am Tisch saß. Für die Zeit auf der Alm wurden sie von der Schule freigestellt.

Der ursprüngliche Stall wurde 1895 um viereinhalb Meter verlängert.
In der Bildmitte zu erkennen: der Blockbaugiebel der ehemaligen Außenwand.

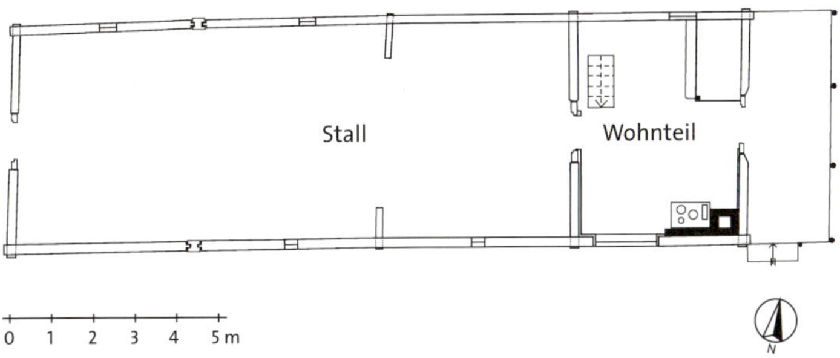

Weberbauerkaser von der Haidenholzalm

Hausname: „Weberbauerkaser“
Höhenlage: 1360 m ü. M.
Gemeinde: Schleching
Landkreis: Traunstein
Erbaut: 1824;
1923 Verlängerung des Stalls
Abbau: 2000
Eröffnung im Museum: 2002
Präsentationszeit: um 1970
Besonderheit: Originale Ausstattung, Stall im Museum bewirtschaftet, Versteck für Munition zum Wildern

Der *WEBERBAUERKASER* ist kein Holzbau, die Wände wurden vielmehr aus Bruchsteinen errichtet. Über dem Wohnteil ist das Dach mit Blechbahnen eingedeckt, während auf dem Wirtschaftsteil noch die traditionellen Holzschindeln liegen. Beim Abbau des Gebäudes machten Museumsmitarbeiter eine aufregende Entdeckung: Im Wohnbereich des *Kasers* gab es ein Versteck für Wilderermunition ...

In die Balkenlage direkt über einem Pfannenhalter war ein circa drei Zentimenter großes Loch gebohrt worden, ein Versteck für zwei Gewehrpatronen. Die Öffnung war unauffällig mit einem Fetzen Zeitungspapier (vom 9. April 1925) und Kalkputz verschlossen worden. Almhütten wurden von Wilderern immer wieder als eine Art Basislager genutzt. Sie versteckten hier Gewehr, Munition, erlegtes Wild oder sich selber vor den Jägern.

Die Ausstattung ist zweckmäßig, aber liebenswürdig im Detail. Links oberhalb des Fensters war die Wilderermunition versteckt.

Auch heute noch ist die Haidenholzalm als sogenannte *Berechtigungsalm* in Staatsbesitz. 1810 standen 14 Kaser auf der Alm, 1908 gab es noch acht und 1925 wurden noch fünf Kaser genutzt. Der *Weberbauerkaser* wurde bis 1999 bewirtschaftet. Vor Ort steht heute ein moderner Ersatzbau, der alte baufällige Kaser war für eine zeitgemäße Bewirtschaftung zu klein geworden. Heute gibt es auf der Haidenholzalm nur noch zwei aktive Almbauern. Eine Besonderheit des *Weberbauerkasers* ist die weitgehend vollständig erhaltene Ausstattung, die das Almleben in der zweiten Hälfte des 20. Jahrhunderts dokumentiert.

Historischer Futterbarren und moderner Infowürfel.

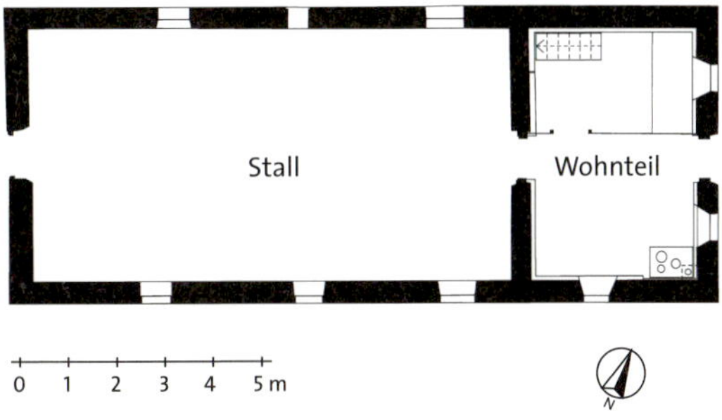

Im Freilichtmuseum bewohnen im Sommer Murnau-Werdenfelser, eine alte Rinderrasse, den Stall des Weberbauerkasers.

Ein separater Bereich ist die Schlafkammer. Die hölzerne Trennwand ist mit Papier, wie man es zum Auskleiden von Schränken kennt, tapeziert. Selbst Wandschmuck findet sich hier.

Höhenlage: ca. 1300 m ü. M.
Gemeinde: Wildsteig
Landkreis: Weilheim-Schongau
Erbaut: 2. Hälfte 19. Jh.
Abbau: 1996
Eröffnung im Museum: 2002
Präsentationszeit: um 1950

Hirtenhütte vom Wildfeuerberg

Die kleine Hütte, ein schlichter *Ständerbau*, diente Hirten als einfache Unterkunft für die Nacht und bei Schlechtwetter. Wichtigste Ausstattungsgegenstände waren Kochofen und Bettstatt. Für die Tiere gab es keinen Stall.

Das Weidegebiet am Wildfeuerberg war im Besitz einer Weidegenossenschaft von insgesamt 32 Bauern. Es umfasste ca. 700 Hektar Fläche, größtenteils Waldweide. Zur Betreuung des Viehs – rund 90 Jungrinder, daneben Pferde und Schafe – war bis in die 1950er Jahre ein Hirte angestellt. Der Hirte verbrachte den ganzen Tag beim Vieh im Freien. Neben dem Eingang war eine Tafel angebracht, auf der Nachrichten für ihn hinterlassen werden konnten.

Blick ins Innere der kargen, nur mit dem Allernotwendigsten ausgestatteten Hütte.

Forsthütte vom Wieselberg

Höhenlage: ca. 1000 m ü. M.
Gemeinde: Schleching
Landkreis: Traunstein
Erbaut: 1897; 1920 und 1930er Jahre Umbauten, 1954 Anbau
Abbau: 2000
Eröffnung im Museum: 2004
Präsentationszeit: um 1970
Besonderheit: Jagdhütte und Quartier für Forstarbeiter

Der Anbau mit Klohäuschen aus dem Jahr 1954 ist nur halb so breit wie das Jagdhaus von 1897. Das DG ist zum Schlafen ausgebaut und über eine Außentreppe erreichbar.

Die Region des südlichen Chiemgau ist bis heute ein beliebtes Jagdgebiet der „Upperclass". So wurde auch die *Wieselberghütte* 1897 als repräsentative Unterkunft für vermögende Jagdgäste errichtet. 1954 zog mit dem Anbau für Wald- und Forstarbeiter eine neue soziale Gruppe in die Schutzhütte ein. Beide Funktionen – Arbeiterunterkunft und Jagdhaus – sind räumlich klar separiert.

Unterkunftshäuser wie Berg- und Jagdhütten dienten in der Regel als Wetterschutz, Verpflegungsstation und Nachtquartier. Um die Jahrhundertwende wurde großer Wert auf eine qualitätvolle Ausstattung sowie eine wohnliche und behagliche Atmosphäre gelegt. Dementsprechend sind die Wände im Jagdhausbereich der *Wieselberghütte* mit einer aufwendig gearbeiteten und farbig lasierten Holzvertäfelung ausgestattet.

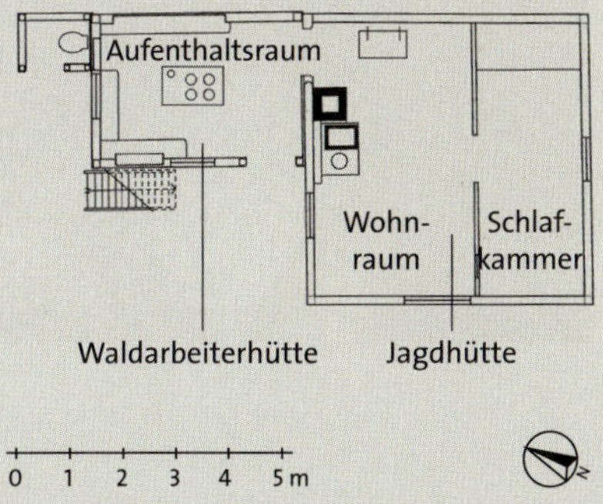

Im Jagdhaus hat sich die ursprüngliche repräsentative Wandvertäfelung mit profilierten Zierleisten und unterschiedlichen Farbfassungen erhalten. Der Sesselofen wurde 1920 im Zuge einer Modernisierung eingebaut.

Herdstelle im schlicht und zweckmäßig ausgestatteten Aufenthaltsraum der Waldarbeiter aus den 1950er Jahren.

Einfaches Matratzenlager für Forstarbeiter im Dachgeschoss des Anbaus aus den 1950er Jahren. Es gibt keinen Ofen, obwohl Waldarbeit vor allem im Winter Saison hatte.

1920 wurde im Jagdhaus, das ursprünglich aus einem einzigen quadratischen Raum bestand, eine Schlafkammer abgetrennt. Zwischenwand und Betten stammen aus dieser Zeit. Eine deutlich andere Qualität besitzen die Wandverkleidungen von 1897.

Essen, trinken, spielen...

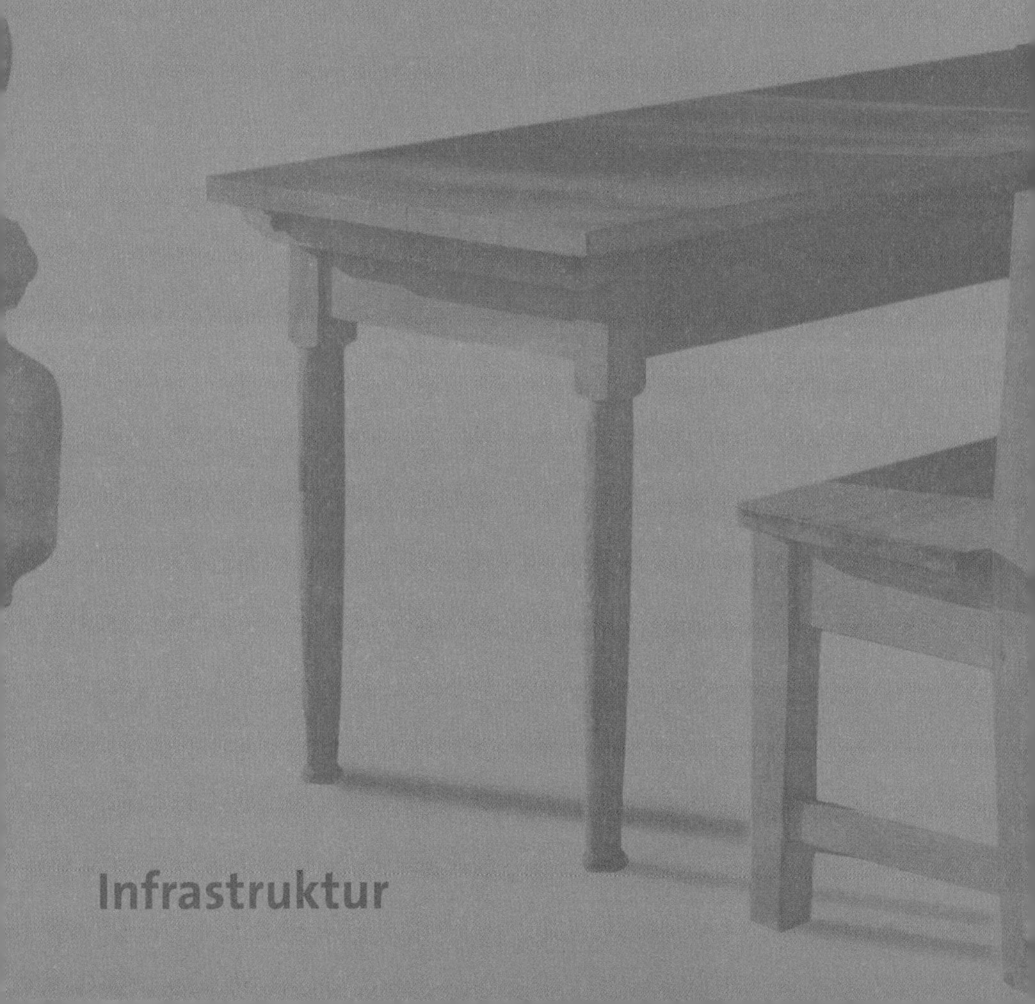

Infrastruktur

Bundwerkstadel aus Starkern

Hausname: „Starkerer"
Gemeinde: Tyrlaching
Landkreis: Altötting
Erbaut: 1855 (i)
Abbau: 1977
Eröffnung im Museum: 1988
Besonderheit: prächtiger Stadel mit reichen Schmuckformen,
Nutzung im Museum: Gaststätte, museumspädagogische Räume, Depot

Der *Starkerer Stadel* gehört seinem äußeren Erscheinungsbild nach zu den schönsten Stadeln Oberbayerns. Die Schauseiten (Südseite und Ostgiebel) sind mit üppigem *Bundwerk*, und phantasievollen Schnitzereien geschmückt. Reich gestaltet sind auch die vier großen Tore des Stadels. Da sich von der originalen Bemalung aussagekräftige Reste erhalten hatten, konnte die ursprüngliche Farbigkeit rekonstruiert werden. Heute lädt hier die Museumsgaststätte zum Verweilen ein.

Der Balkon am Ostgiebel ist eine Besonderheit. Er ist eine reine Schmuckform.

Bis in die 1950er Jahre war der *Starkerer* ein stattlicher Vierseithof, zu dem rund 65 *Tagwerk* Grundbesitz, das entspricht 22 Hektar, gehörten (Wald, Wiesen- und Ackerflächen). Der große, 1855 errichtete *Stadel* ist ein Zeugnis für die damalige Bedeutung des Getreideanbaus. Durch die riesigen, zweiflügeligen Tennentore fuhren die beladenen Erntewägen ein und wurden abgeladen. Auf der *Tenne* wurde auch gedroschen, erst per Hand mit dem Dreschflegel, dann ab den 1920er Jahren maschinell. Im Stadel lagerten Getreide – das gedroschene Korn im eingebauten *Kornkasten* – und Stroh. Ab den 1960er Jahren erfolgte auf dem Hof die Umstellung auf reine Milchwirtschaft. Die jüngere Geschichte des gesamten Anwesens ist typisch für den Strukturwandel in der Landwirtschaft, der traditionelle Wirtschaftsgebäude, egal ob groß oder klein, überflüssig machte.

Detail der reich verzierten Südseite.

Vierseithof „Beim Starkerer“:
1 Wohnhaus mit Pferdestall
2 Kleinviehstall
3 Stadel
4 Kuhstall

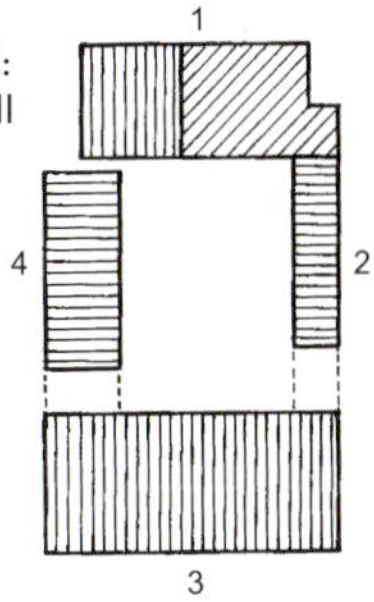

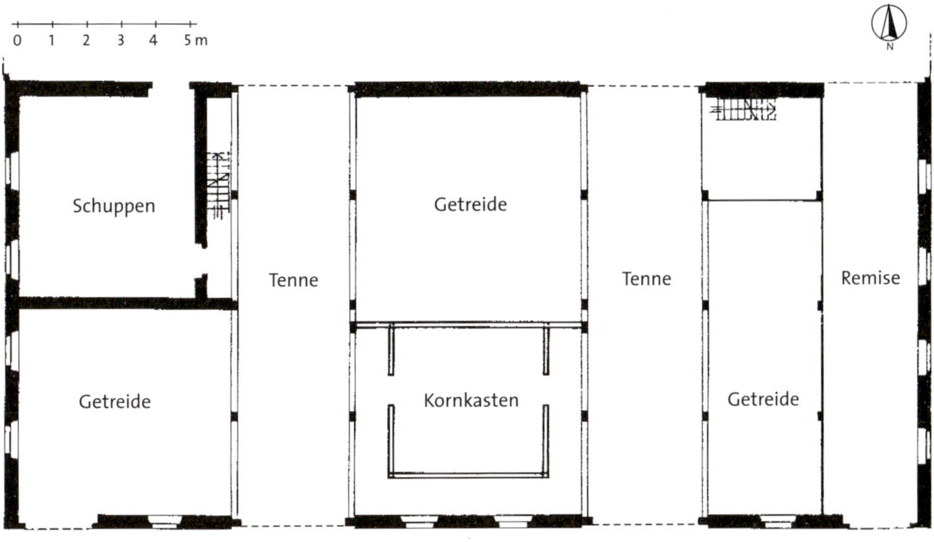

Salettl und Kegelbahn aus Staudham

Stadt: Wasserburg, Ortsteil Staudham
Landkreis: Rosenheim
Erbaut: 1871 (Salettl), zwischen 1871–1876 (Kegelbahn)
Abbau: 2003
Eröffnung im Museum: 2006
Besonderheit: Kegelbahn kann genutzt werden, Museumsgastronomie

Das Ensemble besteht aus zwei Gebäuden, der Kegelbahn und dem sogenannten Salettl oder Sommerkeller, die zum *Gasthof Staudham* gehörten. Das Salettl vereinte mehrere Funktionen unter einem Dach: Eishaus, Kühlräume, Bierausschank und Veranda. Im einstigen Eishaus ist heute eine moderne Küche für die Gaststätte eingebaut. Die Kegelbahn kann gemietet werden.

Der Begriff Salettl stammt aus dem Italienischen (saletta bedeutet „kleiner Saal") und ist heute noch vor allem in Österreich gebräuchlich. Er bezeichnet einen Pavillon, ein Gartenhäuschen oder die Veranda eines Gasthauses. Der Sommerkeller ist ein Gebäude, in dem während des Sommers Bier kühl gelagert werden konnte. Häufig gehörte zu einem Sommerkeller auch ein Bierausschank.

Bereits im frühen 13. Jahrhundert wird Staudham erstmals urkundlich erwähnt. Verkehrsgünstig an der Fernstraße München-Wasserburg-Salzburg gelegen, wurde das Anwesen jahrhundertelang als Pferde-Umspannstation und Rasthaus genutzt. Ein Lageplan von 1876 verzeichnet für das Anwesen ein Wohn- und Gasthaus mit großem Anbau, einen Getreidestadel, eine *Remise*, außerdem Waschhaus, Brunnen, Stallung, Sommerkeller und Kegelbahn.

In den frühen 1970er Jahren erfolgte der Ausbau der Straße, die früher Lebensader und Teil des Anwesens gewesen war. Salettl und Kegelbahn standen nun isoliert auf der anderen Straßenseite. Eine Bewirtung war nicht mehr möglich, Abgase und Autolärm vertrieben die Gäste aus dem Biergarten.

Der Biergarten am Salettl lädt die Besucher an schönen Tagen zum Verweilen ein.

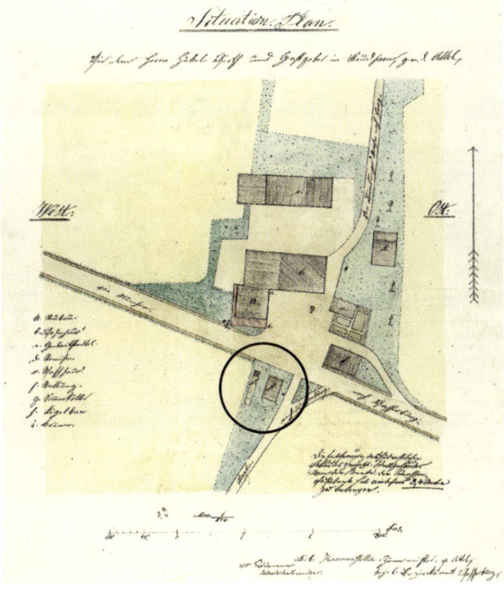

Lageplan des Anwesens in Staudham aus dem Jahr 1876 (Salettl und Kegelbahn siehe Kreis).

Die Kühlräume im EG waren mit einer Isoliertüre verschlossen. Die Befüllung des Eisraumes erfolgte über eine kleine Luke von der Rückseite des Gebäudes aus.

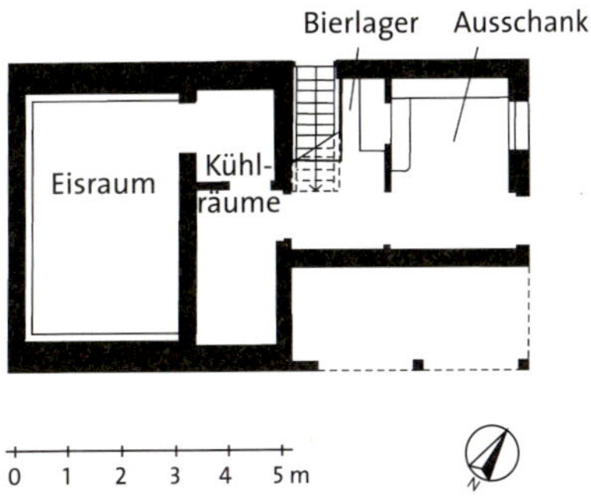

„Eisernte“ am Staudhamer See, Aufnahme um 1910.

„Eiszeit“

Zu Staudham gehörten zwei kleine Seen, der Staudhamer- und der Kessel See. Die Teichwirtschaft mit Fischzucht und Eisgewinnung bildete eine wichtige Erwerbsquelle. Im Winter wurde der Staudhamer See bei geeigneter Witterung zweimal „ausgeeist“: Vor Einführung technischer Kühlmöglichkeiten (1876 erfand Carl von Linde die erste Kältemaschine) diente Natureis der Konservierung von Lebensmitteln. Für den Eigenbedarf wurde der Eiskeller im Salettl befüllt, um Bier und Vorräte zu kühlen. Darüber hinaus gewann man Eis zum Verkauf an Münchner Großbrauereien, das per Bahn dorthin transportiert wurde.

Sommerzeit in Staudham

Salettl und Kegelbahn wurden saisonal bewirtschaftet und waren vor allem an schönen Sommerabenden und am Wochenende in Betrieb.

Das Bier von der Brauerei „Bruck Bräu“ in Wasserburg wurde im Erdgeschoss des Salettls aus 50-Liter-Fässern in Maßkrügen ausgeschenkt. Speisen mussten vom Gasthaus herübergetragen werden. Da seit 1909 ein Anschluss für fließendes Wasser existierte, konnten die Bierkrüge direkt im Schankraum gespült werden.

Beim Kegeln assistierten für ein Trinkgeld neun- bis zwölfjährige „Kegelbuam“ aus der Nachbarschaft. Gekegelt wurde in der Regel um Bier.

Der Schankraum mit Zapfstelle, Spülbecken und Abtropfbrett.

Maria Hilf.
Auxilium B. V. Mariae.

...und beten

Sakralbauten

Kapelle aus Kirnberg

Hausname: „Steinle"-Kapelle
Gemeinde: Böbing
Landkreis: Weilheim-Schongau
Erbaut: 1820er Jahre
Abbau: 1978
Eröffnung im Museum: 1981
Präsentationszeit: um 1920
Besonderheit: Zeugnis bäuerlicher Frömmigkeitskultur

Die Kapelle, die dem heiligen Georg geweiht war, stammt aus Kirnberg, einem Weiler mit elf Bauernhöfen. Sie gehörte der „Kirnberger Kapellengemeinschaft", die sich mit der Errichtung einen Gebets- und Andachtsraum geschaffen hatte. Kosten und Unterhalt wurden gemeinschaftlich getragen.

Die Kapelle ist also ein privater Andachtsraum, der von den Kirnberger Bauern entsprechend ihren persönlichen Bedürfnissen und Gewohnheiten mit Altären, Heiligenfiguren und Bildern ausgestattet wurde.

Seitenaltar mit Skulptur des Heiligen Leonhard, dem in Altbayern wohl populärsten Viehpatron.

Bei dem Gebäude handelt es sich im Kern um einen *Blockbau*, der außen verschalt und innen verputzt ist. Das Satteldach ist mit *Biberschwanzziegeln* eingedeckt. Da bei der Übernahme des Gebäudes die Originaleinrichtung in Kirnberg blieb, musste sie im Museum entweder rekonstruiert oder durch vergleichbare Stücke aus anderen Beständen ersetzt werden. Die Ausstattung setzt sich heute im Wesentlichen zusammen aus säkularisiertem Kirchengut der Barockzeit, Kultgegenständen aus regionaler kunsthandwerklicher Produktion (Oberammergau, Murnau) und Dingen der häuslich-privaten Andacht.

Von außen erscheint die Kapelle als schlichter Zweckbau aus Holz mit Dachreiter für den Glockenstuhl. Als Solitär steht sie auf einem kleinen Wiesenhügel, im Hintergrund der Waldrand. Das schmucklose Äußere lässt keine Rückschlüsse auf Aussehen und Ausstattung des Andachtsraums zu.

Der Bildstock vor der Kapelle mit der Darstellung der Muttergottes und armer Seelen im Fegefeuer erinnert an Verstorbene, die nach katholischer Lehre eine gewisse Zeit der Läuterung im Fegefeuer erleiden müssen. Die Zeitspanne kann durch Gebete, Almosen und Fasten der Hinterbliebenen verkürzt werden.

S 2

Flurkreuz

(zwischen 14 und T10)

Flur- und Wegkreuze wurden als Zeichen des Glaubens errichtet, sie ermahnen zur Gottesfürchtigkeit und geben den Wanderern gleichzeitig Zuversicht auf ihrem Weg. Das Kreuz mit neugotischer Christusfigur stammt aus dem Münchener Stadtteil Berg am Laim. Es kam als Geschenk ins Freilichtmuseum und wurde der Tradition entsprechend an einem Weg aufgestellt.

Auf Glent-
leitner Flur

Grenzsteine und Feldstadel

S3 Grenzsteine

Die Inschrift „KRD" auf den Grenzsteinen steht für „Königliches Remontedepot". „Remonten" waren die jungen Ersatzpferde des Militärs. Die Steine markierten die Grenzen des zum ehemaligen Remontedepots Schwaiganger (heute Bayerisches Haupt- und Landgestüt) gehörenden Hofs Kreut. Sie stammen aus den Jahren nach 1875. Damals fand eine Neuvermarkung der Kreut mit insgesamt 127 Grenzsteinen statt, von denen die meisten heute noch vorhanden sind. Der abgebildete Stein befindet sich am Weg zur Baugruppe Almen.

S4 Grenzstein

(bei 25 Bienenhaus Orthofen)
Der aus rotem Großweiler Marmor gefertigte Stein trägt die Inschriften „LW" für „Landgericht Weilheim" und „CS" für „Closter Schlehdorf". Seit 1687 markierte er die Grenze zwischen diesen beiden Gerichtsbezirken. Er stand auf Großweiler Flur zwischen Karpfsee und Glentleiten. Der Stein wurde 2002 ins Museum versetzt. Sein jetziger Standort befindet sich genau auf der heutigen Grenze zwischen den Landkreisen Garmisch-Partenkirchen und Bad Tölz-Wolfratshausen.

Feldstadel

Der kleine *Stadel*, erbaut 1905 (d), steht an der Straße, die vom Dorf Großweil hoch zur Kreut führt (weißer Kreis in nebenstehender Karte). Er ist einer von mehreren Stadeln, die bereits vor der Gründung der „Glentleiten" auf dem späteren Museumsgelände standen und heute noch erhalten sind. Das Gebäude ist ein *Blockbau* aus Rundhölzern mit steilem Satteldach und *Falzziegeldeckung*. Die Bezeichnung Feldstadel beschreibt die Lage auf freier Flur. In der Flurkarte von 1859 ist an dieser Stelle bereits ein Vorgängerbau verzeichnet. Im Museum wird hier Heu gelagert, das auf den eigenen Wiesen gewonnen wird. Damit wird der Stadel so wie früher genutzt.

Ausschnitt aus Uraufnahmeblatt S.W.XXIII.10. von 1859,
Quelle: Bayerische Vermessungsverwaltung

ESTERER A.G.
ALTÖTTING BAYERN

Sägen, mahlen, Kohle machen ...

Ländliches Gewerbe und Technik

Ländliches Gewerbe und Technik

Die Idee, eine Baugruppe „Mühlen und Technik“ im oberbayerischen Freilichtmuseum zu errichten, geht in die Anfangszeit des Museums zurück. Bereits zur Museumseröffnung im Jahr 1976 stand am unteren Ende des Mühlkanals die Hammerschmiede als erstes Exponat. Es folgten weitere Gebäude in den vergangenen Jahrzehnten, in denen jeweils technische und sozialgeschichtliche Zusammenhänge vermittelt werden, wobei der arbeitende Mensch im Mittelpunkt steht.

Zu sehen sind technische Anlagen und historische Produktionsstätten des 19. und 20. Jahrhunderts, unter anderem eine Steinsäge, mit der bis in die 1970er Jahre Tuffstein zu Baustoff verarbeitet wurde, sowie verschiedene wassergetriebene Mühlen, in denen Wetzsteine hergestellt, Getreide gemahlen oder Holz gesägt wurde und die den vorindustriellen Stand der Technik repräsentieren. Als jüngstes Beispiel wurde im Herbst 2014 ein Sägewerk eröffnet, das die technische Entwicklung bis in die Nachkriegszeit und die Wirtschaftswunderjahre zeigt.
Heute zählt dieser Bereich zu den Attraktionen des Museums.

Fischerhütte aus Kochel

Gemeinde: Kochel	
Landkreis: Bad Tölz-Wolfratshausen	
Erbaut: vermutlich 18. Jh.	
Abbau: vor 1977	
Eröffnung im Museum: 1980	
Präsentationszeit: Anfang 20. Jh.	
Besonderheit: in Zweitverwendung um 1900 an den Kochelsee versetzt	

Dieser *Blockbau* wurde ursprünglich als Getreidekasten erbaut und gehörte in Kochel zum Sengfischerhof. Über Generationen betrieben die Besitzer Landwirtschaft und Fischerei. Als man das Gebäude nicht länger zur Lagerung von Korn benötigte, wurde es um 1900 ans Ufer des Kochelsees versetzt und fortan als *FISCHERHÜTTE* genutzt.

Die Fischerhütte aus Kochel steht im Freilichtmuseum am künstlich angelegten Stauweiher. Das hier gesammelte Wasser dient als Antrieb der Mühlentechnik im angrenzenden Techniktal.

Die Wände des *Blockbaus* sind aus sehr dünnen Bohlen gefügt, sie ruhen auf einem Steinfundament. Das Holzschindeldach wurde im Freilichtmuseum rekonstruiert. In dem verschließbaren Unterstellraum wurde Fischereizubehör aufbewahrt: Netze, Reusen und Schnüre lagerten hier, ebenso Anker, Schwimmer, Bojen und Ruder. Auch im Museum dient er der Aufbewahrung von Fischereigerät.

Geregelter Fang

Die Fischerei am Kochelsee war lange Zeit von Auseinandersetzungen geprägt, denn die Klöster Benediktbeuern und Schlehdorf sowie das Hochstift Freising stritten um das Recht, auf dem See zu fischen. Die erste ausführliche Fischordnung für den Kochelsee war bereits im Jahr 1529 erlassen worden. Der Schutz vor Überfischung und eine gewisse Schonung zur Laichzeit waren die wichtigsten Ziele – man legte daher eine Mindestgröße der Fische wie auch der Netzmaschen fest. Die einzelnen Fischordnungen wurden im Jahr 1884 von der „Allgemeinen Landesfischereiordnung" abgelöst, 1909 dann vom „Bayerischen Fischereigesetz".

Rundweg durch die Baugruppe „Ländliches Gewerbe und Technik“, rechts die Tuffsäge aus Huglfing, T 9.

Sägewerk aus Schönegg

Gemeinde: Dietramszell
Landkreis: Bad Tölz-Wolfratshausen
Erbaut: 1928
Abbau: 2008 / 2009
Eröffnung im Museum: 2014
Präsentationszeit: 1960er Jahre
Besonderheit: ein Sägewerk „zum Hören und Sehen“ (Film) mit originaler technischer Ausstattung

Das Sägewerk ist ein in dieser Vollständigkeit seltenes bauliches Denkmal. Die Ausstattung ist außerordentlich gut erhalten und bietet dadurch auch einen authentischen Einblick in einen kleingewerblichen Familienbetrieb, wie er bis in die 1960er Jahre typisch für den ländlichen Raum war.

Das Herzstück des technischen Inventars bildet das Sägegatter, hergestellt von der Firma Esterer aus Altötting. Zu sehen sind außerdem ein Doppelsäumer, eine Kappsäge sowie der Schleifapparat im „Sägstüberl“. Die Maschinen werden von einem Elektromotor (ROTA Apparat Esslingen, Baujahr 1954) im Untergeschoss angetrieben.

Das Sägewerk mit Holzplatz an seinem zweiten Standort in Schönegg, Aufnahme erste Hälfte 1950er Jahre.

Die Geschichte des Familienbetriebs begann 1928, als der Zimmererpolier Andreas Hainz das Sägewerk nahe der Wallfahrtskirche St. Leonhard nördlich von Schönegg erbaute. Ein paar Jahre nach dem Zweiten Weltkrieg (1948) entschloss er sich, das Sägewerk zu verlegen: es wurde abgebaut und mitten im Dorf, direkt gegenüber dem Hof der Familie Hainz und der zugehörigen Schreinerwerkstatt, wieder aufgebaut. Bis 1966 war das Sägewerk dann an einen Bauunternehmer aus München verpachtet, der im Lohnschnitt Bauholz und Schreinerware produzieren ließ. In der Zeit danach lief das Sägegatter hauptsächlich, um Holz für den Eigenbedarf in der Schreinerei zu schneiden.

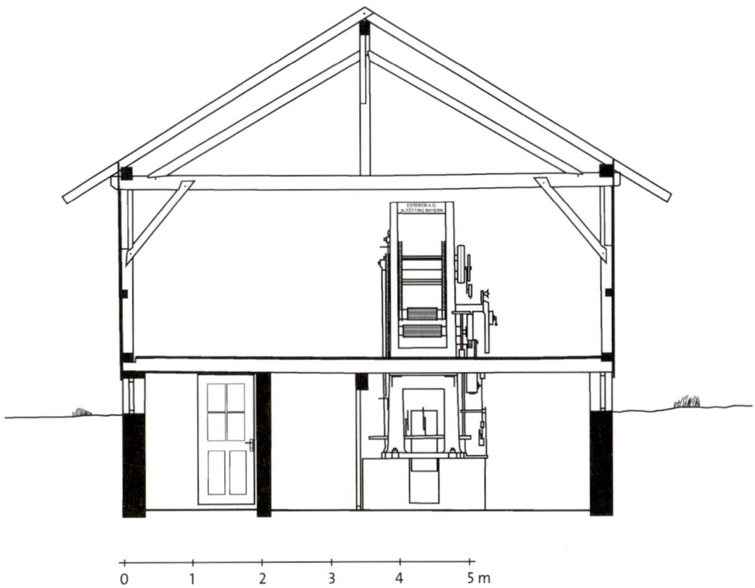

Gebäudequerschnitt mit Ansicht des Esterer-Sägegatters, das auf einem Fundament im Sägekeller verankert ist. Das Gatter vom Typ HND wurde 1927 hergestellt und 1957 gebraucht übernommen.

Der Arbeitsboden im Erdgeschoss: Sägegatter mit Spann- und Verstellwagen. Davor die „Aufleger“ zum An- und Abtransport des Holzes.

Wetzsteinmacherei aus Unterammergau

Gemeinde: Unterammergau
Landkreis: Garmisch-Partenkirchen
Erbaut: T4a Schleifhütte: um 1900, T4b Stelzenhütte: um 1920, T4c Beckhütte: 19. Jh., T4d Kalter: rekonstruiert;
Abbau: 1974, Beckhütte: 1983
Eröffnung im Museum: 1984
Präsentationszeit: um 1930
Besonderheit: Vorführungen zur Wetzsteinmacherei

Die Baugruppe „Wetzsteinmacherei" besteht aus Schleif- und Stelzenhütte, aus Beckhütte und Kalter. Seit dem 16. Jahrhundert wurden in Unterammergau, Ohlstadt, Pessenbach bei Kochel, Buching und Schwangau Wetzsteine aus dem in dieser Gegend vorkommenden harten Kalkstein hergestellt. In Unterammergau überstieg die Produktion seit jeher den regionalen Bedarf. Ab dem 19. Jahrhundert wurden die Wetzsteine, die in der Landwirtschaft zum Schärfen von Sensen und Sicheln benötigt wurden, gemeinschaftlich vertrieben und bis in die Donauländer exportiert.

Harte Kalksteinvorkommen waren die Grundlage für das Gewerbe der Wetzsteinmacherei.

Die Wetzsteinmacherei war eigentlich immer Nebenerwerb: Während die Männer in den Steinbrüchen und Schleifmühlen arbeiteten, versorgten die Frauen die Landwirtschaft. Das Gewerbe war stark von natürlichen Ressourcen wie Steinmaterial und Wasserkraft abhängig. In Unterammergau wurde das Gestein in Steinbrüchen oberhalb des Dorfes gewonnen, im Jahr 1865 gab es hier 52 Steinbrüche. Die Steinplatten wurden in insgesamt 32 Mühlen weiterverarbeitet, davon waren 19 sogenannte „Doppelmühlen".

Technische Neuerungen steigerten im Laufe der Zeit die Produktivität: 1846 wurden *Stelzen* eingeführt, so konnte der Schleifvorgang mechanisiert werden. Der Einsatz von Bandeisenschneidegeräten erleichterte ab 1880 den Zuschnitt der Wetzsteine. Bereits 1817 schlossen sich die Wetzsteinmacher in der „Steinheil Companie" zusammen und organisierten den Vertrieb gemeinschaftlich, ab 1902 erfolgte dieser auf genossenschaftlicher Basis. Hauptabsatzmarkt waren die Donauländer.

Als mit der Mechanisierung der Landwirtschaft um 1950 Sensen und Sicheln allmählich verschwanden, wurden auch Wetzsteine nicht mehr gebraucht – die Herstellung kam zum Erliegen.

Ein oberschlächtiges Wasserrad treibt die Maschinen und Geräte in der Stelzen- und Schleifhütte an.

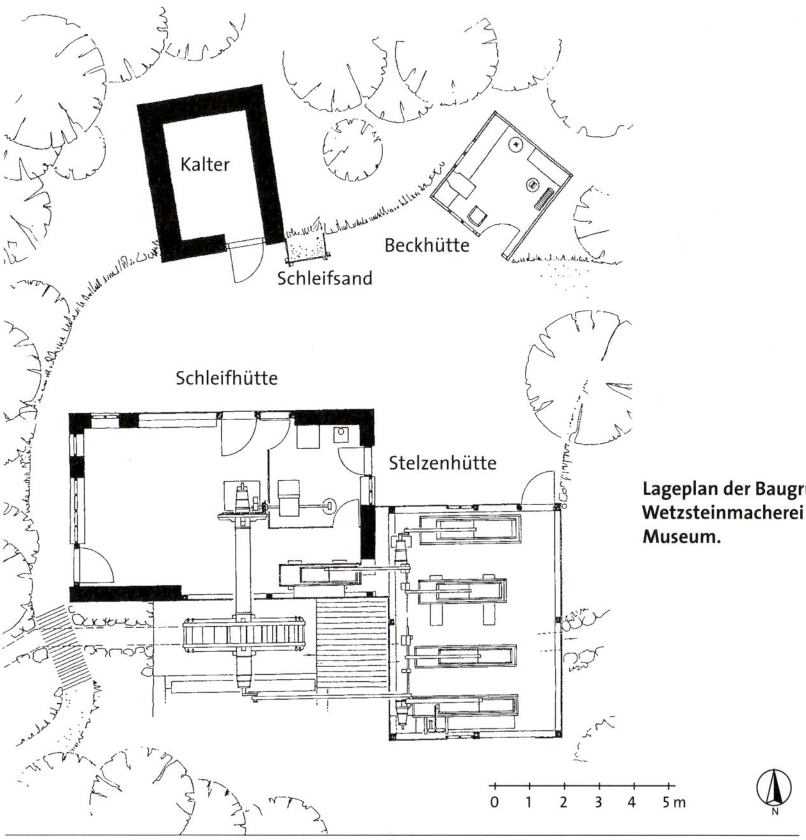

Lageplan der Baugruppe Wetzsteinmacherei im Museum.

Wasserkraft für Grob- und Feinschliff

Schleif- und Stelzenhütte stammen von derselben Wetzsteinmühle. Ursprünglich teilten sich zwei Besitzer Schleifhütte und Wasserkraft. Die deshalb so bezeichnete „Doppelmühle“ war in den beiden Teilen spiegelbildlich eingerichtet. Beim Abbau des Gebäudes gab es aber die Einrichtung und die zweite Stelzenhütte schon nicht mehr, sie wurden im Freilichtmuseum auch nicht rekonstruiert.

Alle Schneide- und Schleifgeräte werden von einem *oberschlächtigen Wasserrad* angetrieben. Über ein Holzgerinne wird das Wasser von oben auf das Rad geleitet – der Vorteil: wegen des Gefälles reicht schon eine relativ geringe Menge aus, um die Mechanik in Gang zu setzen. Ein hölzerner Wellbaum mit Zahnradübersetzung bringt den Schleifstein und später, um 1920, zusätzlich eine hochtourige Schmiergelscheibe zum Rotieren. Beide befinden sich in der Schleifkammer, der Werkstatt für den Feinschliff der Wetzsteine.

Stelzenhütte

Stelzenhütte
Durch die Drehbewegung des *Wasserrades* wird mittels einer Kurbel die Schubstange angetrieben, welche die Schneide- und Schleifgeräte in der Stelzenhütte in Gang setzt. Im „Schielenschneider“ werden die Steinplatten auf eine einheitliche Breite von vier Zentimetern zurecht geschnitten. Die dafür benötigten Bandeisen sind in einen Rahmen eingespannt, ein Gemisch aus Wasser und Quarzsand unterstützt die Sägewirkung. Der „Kliebschneider“ funktioniert nach dem gleichen Prinzip, hier werden die Rohlinge auf eine einheitliche Stärke geschnitten.

In einem nächsten Schritt werden sie in der „Stelze“ mit Hilfe von *Stelzenmodeln* aus sehr hartem Sandstein oder Granit an den Seiten rund geschliffen. In der „Lehrstelze“ werden auf dieselbe Weise extra lange Wetzsteine geschliffen.

Warm war es nur in der Beckhütte ...
Die Beckhütte war der einzig heizbare Arbeits- und Aufenthaltsraum der Wetzsteinmacher, denn der *Blockbau* aus zweitverwendetem Baumaterial war mit einem *Ofen* ausgestattet.
Im Winter wurden hier die Rohlinge „gebeckt“ – also grob zugehauen.
Zur Einrichtung gehörten Wandbank, Klapptisch und Werkzeugkasten, ein Lehnstuhl und der Beckamboss. Die Innenwände waren mit Kalkfarbe ausgeweißelt, um das wenige einfallende Licht besser zu nutzen.

... im Kalter dafür besonders feucht
Der Kalter ist ein in den Hang gegrabener, kellerartiger Raum. Solche Gebäude gab es bei jeder Schleifmühle und auch im Steinbruch. Die Wände sind ohne Mörtel aus Steinplatten aufgeschichtet, die Decke besteht aus nebeneinander liegenden Baumstämmen und ist mit Erde, Moos und Gras abgedichtet. Hier konnten Steine und Rohlinge feucht, aber frostsicher aufbewahrt werden. Der Kalter hier im Freilichtmuseum ist ein Nachbau.

Getreidemühle aus Fischbach

Hausname: „Fischbachmühle“
Gemeinde: Wackersberg
Landkreis: Bad Tölz-Wolfratshausen
Erbaut: Gebäude um 1800, Mühlentechnik um 1900
Abbau: 1984
Eröffnung im Museum: 1985
Präsentationszeit: um 1935
Besonderheit: Vorführungen zum Getreidemahlen

Die *Fischbachmühle* gehörte zu einem landwirtschaftlichen Anwesen mit stattlichem Grundbesitz und war eine „Lohnmühle“. Das heißt, hier wurde nicht nur das eigene Getreide, sondern vor allem das der umliegenden Höfe gemahlen: Die Bauern aus der Umgebung brachten ihr Getreide zum Müller und mussten für das Mahlen bezahlen. Seit 1916 nutzte man die Wasserkraft, um mit einem Generator Strom für das angrenzende Wohnhaus, den Stall und die Mühle zu erzeugen.

1280 wird in Nidervisbach erstmals eine Hofstelle mit Mühle urkundlich erwähnt. Seit 1499 befindet sich diese dann im Besitz der Familie Noderer. Das freistehende, gemauerte Mühlengebäude datiert in die Zeit um 1800. Kurz nach 1900 wurde die Mühlentechnik erneuert: Dazu baute man um 1904 Teile aus einer anderen Mühle ein. Vier Jahre später wurde das *Wasserrad* durch ein größeres ersetzt – die Antriebstechnik bestand jetzt fast vollständig aus Eisenteilen. Außer zum Mahlen von Getreide setzte der „Fischbachmüller“ die Wasserkraft zum Antrieb von Schleifstein, Band- und Kreissäge ein, auch Häcksler und Dreschmaschine wurden damit betrieben und außerdem Strom für Haus, Stall und Mühle erzeugt.

Bis 1940 wurde die Lohnmüllerei betrieben, für den Eigenbedarf noch bis 1965 gemahlen.

Ein kleines Elektrizitätswerk

Seit 1916 erzeugte in der *Fischbachmühle* ein Generator zur Beleuchtung Strom aus Wasserkraft. Weil die Wassermenge für den gleichzeitigen Betrieb von Getreidemühle und Generator nicht ausreichte, speicherte man den Strom in Akkumulatoren. Auf diese Weise ließ sich bis 1960 der Eigenbedarf decken.

Blei-Akkus (ehemals 60 Stück) im Zwischengeschoss über dem „Müllerstüberl“.

Es klappert die Mühle...

In der *Fischbachmühle* erfolgt die Nutzung der Wasserkraft mit Hilfe eines *oberschlächtigen Wasserrads*: dabei wird Wasser über ein Gerinne von oben auf die Radschaufeln gelenkt. Die Drehbewegung des Wasserrads wird mit Hilfe von Zahnrädern und *Transmissionsriemen* auf die „Mahlgänge“ übertragen. Diese bestehen aus zwei aufeinanderliegenden Steinscheiben: dem Boden- und dem Läuferstein. Der Läuferstein dreht sich, während der Bodenstein fixiert ist. Von oben wird gereinigtes Getreide eingeschüttet und zwischen den beiden Steinen zerrieben. Das gemahlene Getreide gelangt in den „Beutelkasten“.

Dort wird ein feinmaschiger Beutel aus Seidengaze mittels Wasserkraft gerüttelt – von dieser Bewegung stammt das typische Klappern der Mühle. Das feine Mehl fällt durch die Maschen in den Mehlkasten, der gröbere Rest wird durch die vordere Öffnung des „Beutelkastens“ auf das Rüttelsieb bewegt. Dieser Rest besteht aus Gries, Schrot und Kleie, die das Rüttelsieb voneinander trennt. Den Vorgang wiederholt der Müller bis zu sieben Mal, erst dann hat er den optimalen Ertrag erzielt. Aus 100 kg Getreide lassen sich 75 kg Mehl gewinnen; es bleiben 25 kg Kleie, die als Futter an das Vieh verfüttert werden.

Sägemühle aus Potzmühle

Gemeinde: Pfaffing	
Landkreis: Rosenheim	
Erbaut: Gebäude 1867 (d), Sägetechnik 1896;	
Abbau: 1986	
Eröffnung im Museum: 1987	
Präsentationszeit: 1. Hälfte 20. Jh.	
Besonderheit: Vorführung des Sägegatters	

Diese Sägemühle war Teil eines großen landwirtschaftlichen Anwesens, zu dem auch eine Getreidemühle, ein *Stadel*, ein großes Wohn- und Wirtschaftsgebäude sowie ein Stall mit Backofen gehörte. Die Getreidemühle lieferte den Besitzern mit vier Mahlgängen und einer Ölmühle den Hauptverdienst. Das Sägewerk sorgte für ein zusätzliches Einkommen, denn hier wurden nicht nur für den Eigenbedarf Baumstämme zu Latten, Brettern, Bohlen und Balken geschnitten.

Die Luftaufnahme zeigt das Anwesen im Jahr 1938, das zweite Gebäude von links ist die Sägemühle.

Urkundlich erwähnt wird das Anwesen erstmals 1345 – schon zu diesem Zeitpunkt in Verbindung mit einer Mühle. Bei dieser dürfte es sich um eine Getreidemühle gehandelt haben, ein Sägewerk ist erst ab 1725 archivalisch belegt. Der *verschalte Ständerbau* der Säge wurde im Jahr 1867 errichtet, das Untergeschoss ist zum Teil gemauert. Jüngeren Datums ist die Sägetechnik, die 1896 modernisiert wurde. Seit 1939 konnte mit einem Generator Strom erzeugt werden, allerdings nur, wenn die Gattersäge nicht in Betrieb war (vgl. T5).

Bis in die 1940er Jahre arbeitete die Sägemühle auch als „Lohnschnittsäge“: Die Bauern der Umgebung lieferten mit Pferdefuhrwerken Rundholz, das nach ihren Vorgaben zu Schnittholz gesägt wurde. Die Tagesleistung lag bei drei bis vier Festmetern.

Für den eigenen Bedarf nutzte man die Säge noch bis Mitte der 1960er Jahre.

Wie werden aus Bäumen Bretter?
Mit Hilfe einer handgetriebenen Seilwinde wurde das Rundholz (der Baumstamm) auf die Sägebühne gezogen, dort auf dem Blockwagen befestigt, der das Holz zum Sägegatter beförderte. In das Sägegatter sind mehrere Sägeblätter eingespannt. Der Abstand zwischen den Sägeblättern bestimmte die Stärke des geschnittenen Holzes. Das Gatter konnte über einen Mechanismus gleichzeitig den Blockwagen voran treiben.

Zusätzlich konnte der Sägemüller eine Kreissäge über das *Wasserrad* betreiben, mit der er das Holz „besäumte“, das heißt, die Baumkante entfernte.

Zeit ist Geld – moderne Technik beim „Potzmüller"
Am Originalstandort nutzte der „Potzmüller" das Wasser der Attel zum Antrieb der Mühle. Über den Mühlgraben wurde es zum Stauweiher geleitet – durch das Staubecken konnte die Mühle unabhängig vom Wasserstand des Flusses betrieben werden. Das Wasser strömte über ein *mittelschlächtiges Wasserrad* und setzte es in Bewegung.

Bei älteren Sägen wurde die Drehbewegung noch mittels einer Kurbel und ein bis zwei Stelzen in die Auf- und Abwärtsbewegung des Sägegatters umgeleitet – diesen Typ nennt man „Venezianersäge". Hier, bei der Säge aus Potzmühle handelt es sich um eine modernere Konstruktion, die auch „Augsburger Säge" genannt wird: Zahnräder und *Transmissionsriemen* können aufgrund ihrer besseren Übersetzungsleistung die Hubfrequenz des Sägegatters um das Fünfzehnfache steigern.

Sägebühne, in der Bildmitte Sägegatter mit Blockwagen, links die Seilwinde zum Heraufziehen der Baumstämme vom Holzlager.

Hammerschmiede

Hausname: „Maurer“
Gemeinde: Münsing
Landkreis: Bad Tölz-Wolfratshausen
Erbaut: Gebäude im 17. Jh.
Abbau: Gebäude 1975
Eröffnung im Museum: 1976
Präsentationszeit: 19. Jh.
Besonderheit: Vorführung zum Schmiedehandwerk

Das Gebäude wurde im 17. Jahrhundert errichtet und war ursprünglich ein Einfirsthof *(Maurer)*. Das Freilichtmuseum zeigt im ehemaligen Stall eine Hammerschmiede. Regelmäßig führt der Museumsschmied den Besuchern hier dieses alte, heute nur noch selten ausgeübte Handwerk vor. Die technische Einrichtung und die Geräte der Hammerschmiede sind aus verschiedenen Werkstätten zusammengetragen und ergänzt worden: Die Schwanzhämmer stammen aus einer Werkstatt in Oberstollenkirchen im Landkreis Erding, der Schleifstein und das Werkzeug aus Nußdorf am Inn im Landkreis Rosenheim.

Eisen muss geschmiedet werden, so lange es heiß ist.

Hammer und Schleifstein wurden von Wasserkraft angetrieben. Die meisten Schmieden standen aus diesem Grund an Wasserläufen, und oft auch in der Nähe von regionalen Eisenerzvorkommen. Das Eisen wurde als Rohstoff zu Schmiedeeisen aufbereitet und dann zu Werkzeugen wie Axt, Hammer, Messer, Sapie, Schaufel, Sichel oder Zange weiterverarbeitet. Spezialisierte Betriebe stellten Nägel, Pfannen oder Glocken her. Mitte des 20. Jahrhunderts verdrängte die industrielle Massenproduktion dieses traditionelle Gewerbe. Eine Ausstellung über den Bergbau im Kleinanwesen aus Thal (Gebäude Nr. 41) vermittelt weitere Einblicke in das Thema Erzgewinnung und Eisenverarbeitung.

Im ehemaligen Stall des Einfirsthofs zeigt das Museum eine Hammerschmiede.

Esse, Schwanzhammer, Schleifstein
Damit Eisen schmiedefähig wird, muss es in der Esse auf sehr hohe Temperaturen erhitzt werden. Holzkohle erreicht diese Temperaturen nur durch fast vollständige Verbrennung. Um den dazu benötigten Sauerstoff beständig zuführen zu können, benutzte man einen großen Blasebalg, der in der Regel mit einem eigenen *Wasserrad* angetrieben wurde.

Kernstück einer Hammerschmiede ist das mechanische Hammerwerk. Zwei Schwanzhämmer, werden mittels eines *oberschlächtigen Wasserrads* angetrieben. Auf der Hammerwelle sind zwei Nockenkränze befestigt. Durch das Wasserrad in Bewegung gesetzt, drücken die Nocken den Hammerschwanz (Stielende) nach unten, wodurch der Bär (Kopf) angehoben wird. Im Fortgang der Drehung wird der Hammerschwanz wieder losgelassen, so dass der Bär auf das Werkstück, das auf dem Amboss liegt, fällt.

Eine Weiterentwicklung des Hammerwerks ist der Federhammer, der durch einen Elektromotor angetrieben wird.

Der modernere Federhammer wird durch einen Elektromotor angetrieben, eine Exzenterscheibe setzt die Drehung des Motors in eine geradlinige Bewegung um. Der Hammer läuft in einer Führung auf und ab, eingebaute Stahlfedern dienen als Stoßdämpfer.

In der Werkstatt im Freilichtmuseum ist auch ein Schleifstein zu sehen, der durch ein *mittelschlächtiges Wasserrad* angetrieben wird. Damit wurden Unebenheiten entfernt und die Schneiden geschliffen. Meist befand sich die Schleiferei in einem abgetrennten Raum oder einem eigenen Gebäude.

Technische Einrichtung und Geräte sind aus verschiedenen Werkstätten zusammengetragen. In Hammerschmieden wurde sowohl Eisen als Rohstoff aufbereitet als auch weiterverarbeitet, zum Beispiel zu Nägeln, Waffen, Sensen oder Schaufeln.

Köhlerei

Heute noch verweisen in Oberbayern Orts- und Flurnamen auf das Köhlergewerbe, z. B. Bad Kohlgrub, Brandstatt oder Brandflecken. Auch Haus- oder Hofnamen wie *Kohler* und *Meiler* haben diesen Bezug. Auf dem Kohlplatz im Freilichtmuseum gibt es das Modell eines Kohlenmeilers sowie eine aus Baumrinde rekonstruierte, einfache Köhlerhütte (sog. Rindenkobel) zu sehen. Im Sommer wird hier außerdem regelmäßig ein Kohlenmeiler aufgeschichtet und abgebrannt.

Das Modell ermöglicht einen Blick in das Innere eines Kohlenmeilers.

Holz ist ein wertvoller und vielseitiger Rohstoff. Seit Ende des 16. Jahrhunderts war das Schlagen von Holz deshalb obrigkeitlich streng geregelt. Bestes Kohlholz sind Eiche, Buche und Birke. Im randalpinen Oberbayern verkohlte man häufig das hier weit verbreitete Nadelholz. Die Köhler verwendeten in der Regel für den Hausbau ungeeigne-

Im Rahmen der jährlich stattfindenden Köhlerwoche an der Glentleiten wird ein Meiler angezündet. Kinder können selber mit Hand anlegen und errichten einen „Mini-Meiler".

tes Holz, Windbruchholz und Wurzelstöcke. Als Standort für den Meiler wählte man eine Waldlichtung, am besten in Wassernähe. Die „Kohlstatt" sollte ein trockener, ebener und windstiller Ort sein. Sie musste ausreichend Raum bieten für den Meiler sowie für Holzlager, Lösche (ein Wasser-Asche-Gemisch) und die Köhlerunterkunft.

In Oberbayern wurde im so genannten „Rundmeiler" verkohlt: Um einen Mittelpfahl, so genannt „Quandelstange", ordnet man trockene Holzscheite an und baut so einen Meiler auf. Die Öffnung zum Anzünden unten am Pfahl wird mit trockenen Ästen und Blättern verstopft. Der aufgeschichtete Meiler wird mit Lösche luftdicht abgedeckt und dann angezündet. Je nach Größe des Meilers dauert die Verkohlung zwei bis drei Wochen. Während dieser Zeit durfte der Köhler den Meiler nicht aus den Augen lassen. Er musste die Luftzufuhr regulieren und dafür sorgen, dass der Meiler nicht entflammte, explodierte oder zusammenfiel.

Hauptabnehmer von Holzkohle waren Eisenhütten. Sie nahmen nur große Kohlestücke ab, kleinere Kohlen wurden an Schmiedewerkstätten geliefert oder als Heizmaterial für den privaten Bedarf verkauft. Darüber hinaus verwendete man Holzkohle zum Desinfizieren, Filtrieren von Flüssigkeiten sowie zum Herstellen von Schießpulver.

Tuffsäge aus Huglfing

Landkreis: Weilheim-Schongau
Erbaut: sog. „Lagerhaus“ um 1913; Werkstatt mit Säge erbaut vor 1940
Abbau: 1995
Eröffnung im Museum: 2005
Präsentationszeit: Mitte 20. Jh.
Besonderheit: Vorführungen der Gattersäge, rekonstruierter Steinbruch

Die beiden Bauten, eine Werkstatt mit Tuffsteinsäge und ein Lagerschuppen, werfen ein Schlaglicht auf die Gewinnung und Verarbeitung von Kalktuff im südlichen Oberbayern. Insbesondere südwestlich von Ammer- und Starnberger See finden sich eine Vielzahl unterschiedlich ausgedehnter Vorkommen dieses für die Region typischen Baustoffs.

Die wirtschaftlich bedeutendsten Aufschlüsse des Gesteins liegen bei Polling und Huglfing. Hier wurde Kalktuff von spezialisierten Familienbetrieben oder im bäuerlichen Nebenerwerb gebrochen. Die im Steinbruch herausgearbeiteten Blöcke wurden zersägt und an Baufirmen weiterverkauft. Der regionaltypische Kalktuff fand Verwendung als Baumaterial und als Werkstoff für Steinmetzarbeiten.

Ein klassischer Familienbetrieb

Das Ensemble „Tuffsäge“ umfasst das Werkstattgebäude mit der Sägeeinrichtung und den überdachten Lagerplatz. Die im Museum präsentierten Bauteile und das technische Inventar stammen aus einem ehemaligen Steinbruch- und Steinmetzbetrieb in Huglfing. Im Familienbetrieb Galitz/Albrecht haben Gewinnung und Verarbeitung von Kalktuff eine lange Tradition. Gegründet wurde die Firma Mitte des 19. Jahrhunderts von Johann Galitz (1828–1915), Maurermeister, Steinmetz und Steinbruchbesitzer. Ein Geschäftsbuch von Johann Galitz aus dem Jahr 1877 ermöglicht Einblicke in die Aufträge des Betriebs zu dieser Zeit. Es enthält unter anderem Abrechnungen für Projekte, wie Baumaßnahmen an der Eisenbahntrasse zwischen Weilheim und Murnau, den Bau eines Wohngebäudes in Berg bei Huglfing und den Umbau des Pfarrhofs in Huglfing. Daneben lieferte Johann Galitz an andere Steinmetze oder direkt an Bauherrn fertige Produkte aus Kalktuff, zum Beispiel Platten, Sockel oder Fensterbänke. Das Unternehmen wurde Mitte der 1890er Jahre an den ältesten Sohn Georg übergeben, der in den

Die Gattersäge

Im Betrieb Galitz/Albrecht gab es seit der Zwischenkriegszeit eine Trennsäge, die das Zerteilen großer Blöcke erleichterte. Sie wurde später abgebaut, die Antriebstransmission blieb erhalten.

Seit den 1950er Jahren setzte man eine elektrisch angetriebene Gattersäge ein. Das Stahlträgergerüst der Gattersäge ist fest mit dem Erdboden und dem Dachstuhl verbunden. Der Steinblock, der zersägt werden soll, ruht auf eigenen Fundamenten. Im Trägergerüst hängt der Gatterrahmen beweglich an vier Stangen. Stahlbänder, die in den Rahmen eingespannt sind, dienen als Sägeblätter. Die Drehbewegung des Elektromotors wird über eine Untersetzung und eine Pleuelstange in eine Hin- und Herbewegung des Gatterrahmens umgesetzt. Über die *Transmission* bewirkt der Motor beim Sägen die langsame Vorschubbewegung des Rahmens nach unten. Zudem kann ein Schnellvorschub des Gatters nach oben oder unten in Gang gesetzt werden. Den Schnellvorschub benötigt man, um das Gatter bis zum Stein abzusenken oder nach dem Schnitt wieder aus dem Stein herauszufahren. Während des Schneidens müssen die Sägeblätter ständig mit Sand und Wasser versehen werden. Über die Transmission wird eine einfache Vorrichtung angetrieben, die die gleichmäßige, automatische Zuführung eines Sand- und Wassergemischs zu den Sägeblättern ermöglicht.

Geschnittene Tuffsteinplatten

folgenden Jahren durch den Zukauf von weiteren Steinbrüchen den Kalktuffabbau auf eine breitere Basis stellte. Aus dieser Zeit stammen auch die beiden heute im Freilichtmuseum befindlichen Gebäude und die hölzerne Trennsäge in der Werkstatt. Von 1941 an führte dann die Witwe Theresia Galitz gemeinsam mit der Tochter Amalie vier Jahre lang die Geschäfte, bis 1945 der Schwiegersohn Josef Albrecht in das Unternehmen einstieg. In den Nachkriegsjahren und erst recht in der Zeit des einsetzenden Wirtschaftswunders verlor der Tuff seine Bedeutung als Werkstein und wurde zeitweise durch Hohlblocksteine aus Tuffsand ersetzt. Tuffblöcke wurden nun vor allem im Bereich der Bauplastik und für bildhauerische Zwecke verarbeitet. Dennoch investierte der Betrieb in den 1950er Jahren in eine neue Technologie und schaffte sich die elektrisch betriebene Gattersäge an.

1971, bei der Übergabe an die nächste Generation, wurde das Familienunternehmen aufgeteilt und Ernst Albrecht übernahm den Steinmetzbetrieb mit fünf Mitarbeitern. Damals waren die Lagerstätten und die Nachfrage nach Tuffprodukten weitgehend ausgereizt. Ab 1983 arbeitete Ernst Albrecht allein und führte nur noch sporadisch auf Nachfrage Bildhauer- und Steinmetzaufträge aus.

Der Steinbruch

Das Ensemble wird vervollständigt durch einen rekonstruierten Steinbruch. Hier ist die Situation in einem Kalktuffbruch ausschnitthaft nachgebildet – mit unterschiedlichen Steinbruchzuständen: von „frischen“ Schnittkanten bis hin zu verwitterten und teils renaturierten Geländeabschnitten. Ergänzend sind für den Kalktuff typische Ruderalpflanzen sowie Weiden und Erlen angesiedelt.

Die Gattersäge war seit den 1950er Jahren im Betrieb Galitz/Albrecht in Huglfing im Einsatz. Als Sägeblätter dienten Streifen aus Stahlblech. Sie weisen keine Verzahnung auf.

Kalkofen mit Holzlege und Kalkgruben

Kopie eines Kalkofens
Gemeinde: Lenggries
Landkreis: Bad Tölz-Wolfratshausen
Erbaut: Originaler Bau wohl aus dem 18. Jh., spätere Zu- und Umbauten
Eröffnung im Museum: 1981
Präsentationszeit: Anfang 20. Jh.
Besonderheit: Kalkproduktion für das Freilichtmuseum

Dieser Kalkofen ist ein originalgetreuer Nachbau eines Ofens, der noch heute in Lenggries steht. An einen gemauerten Vorraum mit Pultdach schließt sich der Brennraum mit Schornstein an. Aus dem Kalk, der hier gebrannt wurde, konnte Mörtel hergestellt werden, er wurde auch zum Anstreichen von Wänden und als Düngemittel verwendet.

Für Bauern war das Kalkbrennen ein einträglicher Nebenerwerb. „Steinklauberinnen" hatten die Aufgabe, Kalksteine zu sammeln, die sie beispielsweise im Flussbett der oberen Isar fanden. Hauptabnehmer des Kalks waren damals Städte und Klöster.

Aber auch die Bauern benötigten Kalk, zum Beispiel beim Mauerwerksbau oder zum jährlichen Wändeweißeln. Als sich im ausgehenden 19. Jahrhundert die industrielle Kalkherstellung durchsetzte, verlor der Kalkofen auf dem Hof rasch an Bedeutung.

Der hier nachgebaute Kalkofen ist funktionstüchtig und wird genutzt, um Kalk für den Bedarf des Freilichtmuseums herzustellen. Holzlege und Kalkgruben ergänzen die Darstellung der Brennvorgänge.

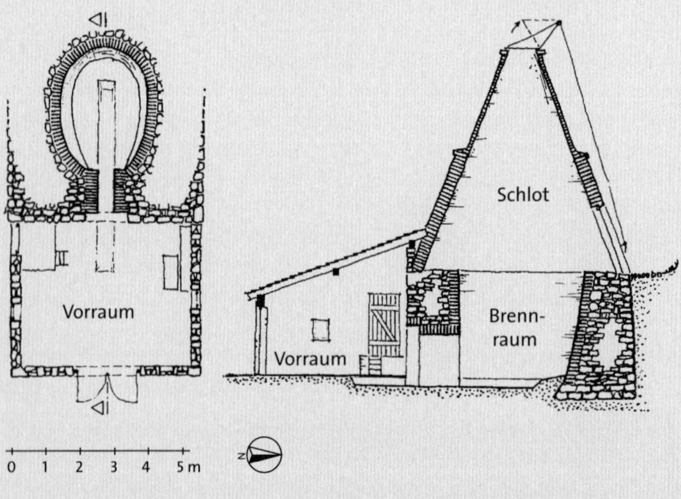

Der Kalkofen besteht aus einem gemauerten Vorraum mit Pultdach, dem Brennraum sowie einem Schornstein.

Kalkbrennen

Der Vorraum diente den Kalkbrennern als Aufenthaltsraum, außerdem lagerte hier ein Teil des Brennholzvorrats. Durch einen überwölbten Gang (Feuerungsraum) ist er mit dem Brennraum verbunden. Über dem ovalen Grundriss, der sich nach oben erweitert, erhebt sich der Schornstein. Sein Schlot ist mit einer verstellbaren Klappe abgeschlossen, um den Luftzug regulieren zu können. Der Schornstein, der sich nach oben stark verjüngt, machte es möglich, unabhängig vom Wetter zu brennen. Ältere Öfen hatten noch keinen Schlot.

Auch heute muss vor dem Brennen zuerst der Ofen eingerichtet werden: Aus Bruchsteinen wird ein überwölbter Gang aufgeschichtet und der Brennraum mit Kalksteinen gefüllt. Dann wird das Feuer im Durchgang zwischen Vor- und Brennraum entfacht. Der Brand, bei dem 40 bis 50 Festmeter Holz verbraucht werden, dauert vier bis fünf Tage und Nächte. Bei einer Temperatur von etwa 1.000 Grad Celsius wird der aus Calciumkarbonat bestehende Kalkstein entsäuert. Bis der Ofen schließlich wieder abgekühlt ist, dauert es noch einmal ein bis zwei Tage. Jetzt muss er sofort entleert werden. Der übrig gebliebene „Branntkalk" wird mit Wasser übergossen, so entsteht „Sumpfkalk". Auf diese Weise wird Kalk lagerfähig gemacht.

Mit Sand und Wasser vermischt, kann man aus Kalk Mörtel herstellen. Beim Abbinden und Austrocknen verwandelt Mörtel sich zurück in hartes Calciumkarbonat – das Ausgangsprodukt des Brennvorgangs.

Systembauhalle aus Warngau

Gemeinde: Warngau
Landkreis: Miesbach
Erbaut: 1928
Abbau: 2007
Eröffnung im Museum: 2010
Besonderheit: Zollinger Lamellendach; im Museum multifunktionaler Raum für Veranstaltungen und Ausstellungen

Die 1928 als Sägewerk errichtete *Zollingerhalle* ist ein eindrucksvolles Beispiel für frühe Industriearchitektur auf dem Land. Das Dachwerk, das den stützenfreien Raum überwölbt, ist als Lamellenkonstruktion ausgeführt, die Friedrich Zollinger Anfang der 20er Jahre entwickelt hatte. Die konstruktive Innovation, bei der einzelne Bretter (Lamellen) zu einem tragfähigen Gitterwerk verschraubt werden, vermarktete der Erfinder erfolgreich als „Dach der Zukunft".

Im Vergleich zu einem herkömmlichen *Dachstuhl* mit *Sparren* und Bindern konnte man mit dieser Konstruktion bis zu 40 Prozent Material einsparen. Da die Lamellen industriell gefertigt werden konnten und es sich bei den Schraubverbindungen um handelsübliche Ware handelte, war das Dachwerk insgesamt kostengünstig. Und schließlich wurden für die Montage keine Fachkräfte mehr benötigt, auch insofern galt diese Hallenbauweise als äußerst wirtschaftlich.

Innenwände und Dachfläche der Systembauhalle sind aus klimatechnischen Gründen gedämmt. Von der neutralen Verkleidung hebt sich das Gitterwerk des Zollinger Lamellendachs eindrucksvoll ab.

Das markante Dach mit Falzziegeldeckung ist ein Blickfang. Die Last wird statisch durch Betonpfeiler abgefangen, Trauf- und Giebelwände sind verschalte Ständerkonstruktionen.

Bauherr dieser Halle war der Landwirt Johann Bichler aus Oberwarngau. Mit dem Sägewerk wollte er seinem Sohn Marinus, der als Zweitgeborener den Hof nicht erben konnte, das Auskommen in der Zukunft sichern. Das für den Bau benötigte Holz sollte aus dem eigenen Wald kommen, wo vom Wind umgeworfene Bäume (minderwertiges Holz) dringend auf ihre Verwertung warteten. Die Zollinger Lamellenbauweise kam Bichler wie gerufen.

Eine Innovation in Krisenzeiten
Zollingers Lamellenkonstruktion erlebte ihre Blütezeit in den 1920er Jahren, die in Deutschland gekennzeichnet waren durch einen Wechsel zwischen Notzeiten und konjunkturellem Aufschwung. Gefragt waren „technischer Fortschritt“ und „internationale Wettbewerbsfähigkeit“. Die Erfindung traf also genau den Zeitgeist. Serielle Fertigung und geringer Arbeitsaufwand beim Aufbau des Lamellendachs entsprachen der Forderung nach Rationalisierung von Arbeitsprozessen. Zollinger war nicht nur ein genialer Erfinder, er entwickelte auch ein erfolgreiches Geschäftsmodell mit straff organisiertem Vertriebsnetz zur internationalen Vermarktung des „Zollbau-Lamellendaches“.

Detail des Gitterwerks aus miteinander verschraubten so genannten Lamellen, noch ohne Ziegel.

Hofmühle aus Unterlandtal

Gemeinde: Ramsau
Landkreis: Berchtesgadener Land
Erbaut: Mitte 19. Jh. (Drechslerei 1848 (d), Mühle 1858 (d); Umbau OG 1877 (d)
Abbau: 1983
Eröffnung im Museum: 1999
Präsentationszeit: um 1950
Besonderheit: Hofmühle, multifunktionale Werkstatt, Mistaufzug

Das Mühlengebäude gehörte zu einem abgelegenen Bergbauernhof, dem *Unterlandtal-Lehen* im Berchtesgadener Land. Es war an einem Bach in circa 200 Meter Entfernung vom Haupthaus errichtet worden und diente als multifunktionale Werkstatt. Die vielfältige Nutzbarkeit zeugt von dem großen Erfindungsgeist der Betreiber. Der Bau beherbergt nicht nur eine Getreidemühle und eine Schreinerwerkstatt, sondern auch eine Rahmen- und eine Kreissäge, eine Schleifanlage und einen Mistkarrenaufzug sowie eine Energiestation zur Stromversorgung.

Zum *Unterlandtal-Lehen* gehörten Äcker, Wiesen und Waldflächen. Der gesamte Grundbesitz betrug 13 Hektar. Die schlechten Voraussetzungen für die Landwirtschaft (rauhe klimatische Bedingungen und überwiegend karge Böden) machten damals Nebenverdienste notwendig, unter anderem übten die Bauern das Gewerbe des Schachtelmachens („Gadlmacher") aus. Vor allem im Berchtesgadener Land entwickelte sich das Holzhandwerk vielfach zum Hauptberuf – „Berchtesgadener War" ist bis heute ein Qualitätsmerkmal und nicht nur bei Touristen begehrt. Hergestellt wurden kleine Figuren, Puppen, Schachteln, Dosen und Haushaltsgerät aus Holz. Im *Unterlandtal* wurde das Holzhandwerk um 1900 aufgegeben, denn eine bessere Einkommensquelle bot nun der Tourismus. Ab 1918 investierte die Familie vorwiegend in den Fremdenverkehr und baute den Hof deshalb auch mehrmals um und aus.

Mahlgang und Sichter der Getreidemühle.

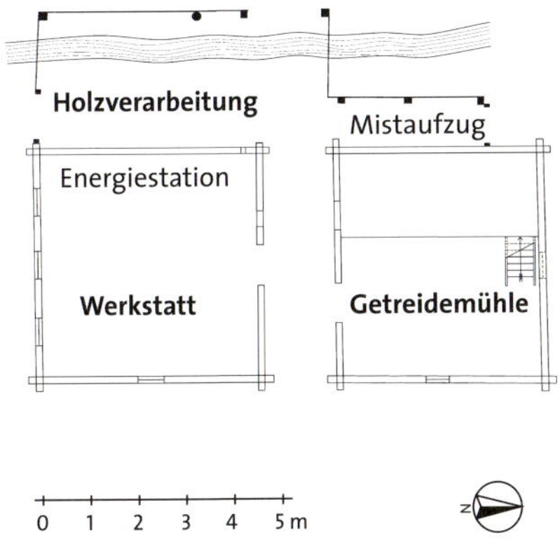

Holz, Wasser und Energie

Für die Holzverarbeitung nutzte man die Kraft des Wassers: Außer der ehemaligen Drechselbank im Turbinenraum wurde damit eine Kreissäge, eine Rahmensäge und eine Abrichte (Hobelmaschine) angetrieben. Bis 1936 gab es dafür ein *Wasserrad*, später eine Turbine.

Die Drechslerei wurde schon um die Jahrhundertwende aufgegeben, allerdings stellte Anton Votz, gelernter Schreiner und Vater des letzten Eigentümers, in der Werkstatt immer noch Möbel für den Eigengebrauch her, die vor allem bei der Ausstattung der Fremdenzimmer Verwendung fanden. Der Raum diente bis in die 1950er Jahre als allgemeine Werkstatt für den Hof und ist auch im Museum in dieser Funktion wieder eingerichtet worden.

Die mit der Wasserkraft gewonnene Energie wurde nicht nur für die Holzverarbeitung genutzt, auch der Generator für den Hausstrom, die Mühle und die Dreschmaschine sowie der Aufzug für den Mistkarren wurden damit betrieben. Turbine und Generatoren sind den Originalen, die heute noch vor Ort in der Ramsau zur Stromerzeugung dienen, sehr ähnlich.

Getreideverarbeitung – mühsam und beengt

Das Prinzip der bäuerlichen Selbstversorgung machte Ackerbau auch in ungünstigen, wenig ertragreichen Regionen notwendig. Im Gebiet der ehemaligen Fürstpropstei Berchtesgaden wurde das System der Egartwirtschaft (Wechsel zwischen Acker und Wiese) praktiziert. Größere zusammenhängende Felder gab es in der Regel nicht und der Körnerertrag betrug häufig nicht mehr als das drei- bis vierfache der Aussaat. In der Hofmühle wurde nur das eigene Getreide gemahlen, auf engstem Raum erfolgte hier die gesamte Getreideverarbeitung vom Einlagern der Garben über das Dreschen und Reinigen bis zum Ausmahlen des Korns. Die Mehrzahl der Höfe in Berchtesgaden verfügte über so eine kleine Mühle, denn an Wasser mangelte es in dieser Gegend nicht.

Der Mistkarrenaufzug – ein Kuriosum

Zu dem Hof gehörte eine steile Wiese, die der Bauer nicht einmal mit dem 1952 gekauften Holder-12-PS-Schlepper befahren konnte. Es war also mühsam, den Mist auf die Wiese zu bringen. Not macht bekanntlich erfinderisch und so entwicklete Anton Votz (vermutlich in den 1930er Jahren) ein Verfahren, mit dem er den Mist per Wasserkraft auf den Steilhang bringen konnte: Von da an wurde der voll beladene Karren mittels Seilwinde und Umlenkrolle den Berg hinaufgezogen. In einem kleinen Anbau der Mühle ist die Seilwinde untergebracht; das Stahlseil wurde über eine Umlenkrolle gezogen, die oben am Hang in etwa 120 Meter Entfernung an einer starken Buche angebracht war. An das andere Ende des Seils wurde nun der beladene Mistkarren gehängt, den eine Person zu lenken hatte. War der Karren oben, stellte eine zweite Person mit der Fernbedienung, die an den Strommasten aufgehängt war, die Turbine ab.

Äcker, Wiesen, Wald und Tiere

Historische Kulturlandschaft und Nutztierrassen

Historische Kulturlandschaft

Das Areal des Freilichtmuseums Glentleiten ist eine historisch entstandene Kulturlandschaft und voller Spuren früherer Nutzung. Vor der Gründung des Museums diente das Gelände als Sommerweide für das Großweiler Vieh. Durch jahrhundertelange Beweidung und Holznutzung entstand eine Weidelandschaft, „Hutung" genannt. Typisch dafür sind große Einzelbäume, meist Eichen, die inmitten der früheren Weideflächen stehen. Vor allem im unteren Teil des Museumsgeländes finden sich auch heute noch Hinweise auf diese alte Bewirtschaftungsform. In der Nähe der Mühlen ist unter den Fichten außerdem ein Hohlweg erhalten geblieben, ein Überrest eines alten Wegesystems, das von Großweil auf die Wiesen, Weiden und Wälder am Berg führte. Auf ihm wurden mit Pferde- und Ochsenfuhrwerken Heu, Holz und Almprodukte ins Tal transportiert.

Die Hutung oberhalb von Samerhäusl und Salettl wird im Museum beweidet.

Streuobstwiese und Hausgarten am Hoderer-Hof als Elemente einer sich selbst versorgenden Wirtschaftseinheit.

Die Wechselwirkungen von Mensch und Landschaft spielten bereits in den Überlegungen der Gründer des Museums in den 1970er Jahren eine bedeutende Rolle. Zwischen den einzelnen Hofanlagen wurden bewusst zum Teil weitläufige Freiräume belassen, um die Kulturlandschaft vergangener Zeiten darstellen zu können. In Gärten und auf Musterfeldern konnte schon bald ein breites Spektrum historischer Kulturpflanzen gezeigt werden. Seit den 1980er Jahren wird das unmittelbare Umfeld der Exponatgebäude im Freilichtmuseum der Situation am ursprünglichen Standort so originalgetreu wie möglich nachgebildet.

In den 1990er Jahren wurde für die Glentleiten dann ein detailliertes Geländekonzept für die Bewirtschaftung der einzelnen Flächen erarbeitet. Ziel war es, unter Einbeziehung der historischen Spuren historische Nutzungsformen von Acker- und Waldflächen, Hecken sowie Futter- und Streuwiesen mit ihren regionalen Unterschieden zu präsentieren. Der Anbau besonderer Kulturpflanzen, die Vermehrung alter Sorten oder auch der Einsatz historischer Dünge- bzw. Bearbeitungstechniken gehören seither zum Alltag der landschaftsökologischen Arbeit im Freilichtmuseum.

Nicht jedes Element dieser alten Kulturlandschaft lässt sich allerdings im Museum rekonstruieren. Und auch nicht alle Pflanzen lassen sich ohne die dazu gehörige Tierhaltung ansiedeln. Hinzu kommt noch, dass die Glentleiten kalte und schwere Lehmböden aufweist. Die Höhen- und Hanglage von 680–780 m ü.d.M. mit einer großen Menge an Niederschlägen ist kein typischer Standort für Getreidefelder, Gärten oder Streuobstwiesen. Pflanzen aus milderen Regionen des Flachlandes lassen sich hier schwer oder gar nicht ansiedeln.

Haus- und Themengärten

Rund um die Bauernhöfe wurden die Flächen einst am intensivsten genutzt. Je weiter entfernt Wiesen und Weiden vom Hof lagen, desto extensiver wurden sie bewirtschaftet. Dies lässt sich auch im Freilichtmuseum nachvollziehen. Ausgehend vom Haus- und Obstgarten des Hofes ziehen sich über das gesamte Gelände unterschiedlich intensiv genutzte Wirtschaftsflächen. Die ländlichen Hausgärten lagen immer in unmittelbarer Nähe des Wohnhauses, ein dichter Zaun schützte ihn vor Kleinvieh.

Insgesamt warten im Freilichtmuseum fast 20 nach historischen Vorbildern angelegte Gärten auf die Besucher. Dazu gehören Hausgärten, die nach Befragungen einstiger Bewohner rekonstruiert wurden. Sie sind authentische Beispiele für die erste Hälfte bzw. die Mitte des 20. Jahrhunderts. Angebaut werden hier Gemüse, Heil- und Gewürzkräuter, aber auch Blumen, die man zum Beispiel für bestimmte Kirchen- und Familienfeste brauchte. Neben der Arbeit in Haus und Stall blieb nicht viel Zeit für eine aufwändige Gartenpflege. Durchsetzen konnten sich deshalb vor allem Pflanzen, die gegen Schädlinge und Unkraut resistent waren.

Neben diesen aktuellen Hausgärten gibt es im Freilichtmuseum auch Themengärten, wie zum Beispiel den Themengarten „Mittelalter“: er basiert auf historischen Plänen und Pflanzlisten aus Klöstern und zeigt eine idealtypische Bepflanzung mit Nahrungs-, Gewürz- und Heilpflanzen. In einem anderen Garten werden Arten wie Erdbeere oder Mais präsentiert, die erst nach der Entdeckung Amerikas bzw. der Erschließung neuer Seewege nach Indien zu uns nach Europa kamen. Ein Krautgarten, wie er früher an jedem Ortsrand zu finden war, kann an der Glentleiten genauso in Augenschein genommen werden, wie eine Obstwiese samt Bienenhaus, auf der aus allen 20 Landkreisen Oberbayerns je ein regionaltypischer Baum vertreten ist.

Schluchtwald oberhalb des Mühlentals, im Hintergrund Getreide- und Sägemühle.

Äcker, Wiesen und Wald

Wiesen und Weiden prägen bis heute das Landschaftsbild Oberbayerns, insbesondere am Nordrand der Alpen. Das raue, niederschlagsreiche Klima begünstigte hier seit jeher die Grünlandnutzung gegenüber dem Ackerbau, so dass Viehhaltung und Milchwirtschaft große Bedeutung erlangen konnten. Milch und Milchprodukte waren neben Getreide die wichtigsten Nahrungsmittel der ländlichen Bevölkerung. Die Präsentation der traditionellen Landbewirtschaftung beinhaltet deshalb an der Glentleiten einmähdige Futter- und Streuwiesen, zweimähdige Wiesen, Egartflächen, eine Almweide und Felder, auf denen im Wechsel Kartoffeln, Weizen, Roggen, Hafer und Flachs angebaut werden, umgeben von einer voralpinen Baumhecke. Dies sind Beispiele einer historischen Kulturlandschaft, die im Freilichtmuseum rekonstruiert werden, um ein ausgeklügeltes und über Jahrhunderte entstandenes Nutzungssystem zu präsentieren, das sensibel auf den Standort abgestimmt war.

Nicht zu vergessen sind darüber hinaus die Waldflächen. Gut ein Drittel des Museumsareals ist mit verschiedenen Waldtypen bewachsen: Fichtenforst, Waldweide mit Fichten- und Lärchenbestand sowie naturnaher Laubwald aus Eschen, Bergahorn und Ulmen entlang der steilen Bachläufe.

Heuernte im Museum, im Hintergrund Hirschhörndlkopf, Sonnenspitze und Jochberg (von links).

Kulturlandschaft als Museumsexponat
Der Arbeitsalltag der Menschen, ihre Lebensgestaltung und ihre Häuser sind ohne die sie umgebende Landschaft und die Tiere nicht vorstellbar. Seit den 1950er Jahren hat sich das Landschaftsbild Oberbayerns durch die rasant zunehmende Mechanisierung und Industrialisierung der Landwirtschaft massiv gewandelt. Alte Bewirtschaftungsformen gingen verloren. Zur Pflege, Bewahrung und Vermittlung der traditionellen Kulturlandschaft werden an der Glentleiten kontinuierlich große Anstrengungen unternommen. Um die Bepflanzung und Bewirtschaftung der Flächen kümmert sich ein eigenes Gärtner- und Landwirtschaftsteam. Ohne die entsprechenden Bewirtschaftungsweisen würden die Elemente der traditionellen Kulturlandschaft unwiederbringlich verschwinden.

Historische Nutztierrassen

Die Glentleiten verfolgt einen Ansatz, der sich nicht allein auf die Präsentation historischer Gebäude beschränkt, sondern den Besuchern auch eine nach historischen Vorbildern gepflegte Kulturlandschaft samt Tierhaltung präsentiert. Die Tierrassen, die auf dem Gelände gehalten werden, sind für die Agrar- und Landschaftsgeschichte von großer Bedeutung und spielen eine wichtige Rolle bei der Vermittlung historischer Zusammenhänge.

Nutztiere gehörten zum Lebensalltag der Menschen auf dem Land. Sie waren auf vielfältige Weise in die landwirtschaftliche Arbeit und den Alltag der Menschen eingebunden. Mit der Industrialisierung und Mechanisierung der Landwirtschaft setzte eine Spezialisierung hin zu Hochleistungs-Rassen ein, als Konsequenz starb eine Vielzahl von einheimischen Nutztieren aus oder ist nur noch in kleinen Restbeständen vorhanden. Im 19. Jahrhundert gab es in Bayern etwa 35 Rinderrassen, heute werden noch fünf verzeichnet.

Diese alten Rassen, über Generationen und Jahrhunderte gezüchtet, sind Ergebnis eines langen Entwicklungsprozesses und damit ein zu schützendes Kulturgut. Auf den Wiesen des Freilichtmuseums weiden Rinder, Schafe, Pferde, Ziegen, Schweine, Gänse und Hühner.

Die Betreuung der Tiere erfolgt durch Mitarbeiter des Museums.

Das Museum arbeitet mit unterschiedlichen Verbänden und Tierhaltern zusammen, die ihre Alpinen Steinschafe, Murnau-Werdenfelser Rinder oder Süddeutschen Kaltblüter während der Saison auf die Weiden der Glentleiten bringen, wie beispielsweise die Brillenschafe, die aus dem nahe gelegenen Bayerischen Haupt- und Landgestüt Schwaiganger stammen.

Murnau-Werdenfelser Rinder – Multitalente im Moos
Bis in die 1950er Jahre waren die Rinder im Werdenfelser Land und Murnauer Moos weit verbreitet und wegen ihrer hohen Anpassungsfähigkeit an unwegsames Gelände etwa in Sumpf- und Moorlandschaften oder steilen Almwiesen geschätzt. Sie galten als typische Drei-Nutzungsrasse, d. h. sie waren als Zugtier, als Milch- und als Fleischlieferant gleichermaßen geschätzt. Mit zunehmender Technisierung der Landwirtschaft entfiel der Aspekt der Arbeitsleistung, und in der Milch- und Fleischleistung waren sie dem schließlich vorgezogenem Braun- und Fleckvieh unterlegen. Diese Rinderrasse gilt heute in ihrem Bestand als extrem gefährdet.

Alpine Steinschafe – Bergsteiger auf vier Beinen
Das Alpine Steinschaf ist eine der ältesten Schafrassen überhaupt. Die Tiere sind klein und gut an die schwierigen Gelände- und Klimabedingungen des Hochgebirges angepasst. Ihre harten Klauen bieten im steinigen Gelände hervorragende Trittsicherheit, so können die Schafe für Rinder unzugängliche Hochlagen im Gebirge nutzen. Verbreitet war das Alpine Steinschaf im ganzen Ostalpenraum. Noch vor hundert Jahren gab es über 200.000 Tiere, mit etwa 800 Stück in Bayern zählen sie heute zu den am stärksten vom Aussterben bedrohten Schafrassen.

Bayerische Landgänse – schnatternde Brüter
In Bayern gab es zwei Zuchtrichtungen von Gänsen: die Legegans, die jährlich etwa 40 Eier legt, und die Brutgans. Die Bayerische Landgans gehört zum zweiten Typ. Die robusten und genügsamen Tiere wurden des Fleisches wegen gehalten. Tiere dieser Rasse legen jährlich nur 10 bis 14 Eier, die sie selbst ausbrüten. Die Küken ziehen sie zuverlässig auf, wobei sich auch der Ganter aktiv beteiligt. In den Jahren nach 1950 ging die Zahl der Kleinhalter, die die Bayerische Landgans gezüchtet haben, stark zurück. Heute gibt es nur noch rund 40 Halter in Deutschland.

Rebhuhnfarbige Italiener

Bis in die Mitte des 19. Jahrhunderts war das heute ausgestorbene Deutsche Landhuhn überall verbreitet. Durch Einkreuzungen von italienischen Landhühnern entstand daraus in der zweiten Hälfte des 19. Jahrhunderts die Rasse Rebhuhnfarbige Italiener. Wegen ihrer guten Legeleistung von etwa 250 Eiern pro Jahr wurde sie zur beliebtesten Wirtschaftsrasse der damaligen Zeit. Aufgrund ihres lebhaften Temperaments suchen die Tiere bei genügend Grünauslauf einen großen Teil ihres Futters selbst. Die Häh-

ne sind sehr aufmerksam und stets bereit, ihre Herde gegen Gefahren zu verteidigen. In der industriellen Hühnerhaltung, die in den 1970er Jahren aufkam, war diese ausgeprägte Mobilität eher von Nachteil, und so verschwand die Rasse zunehmend aus der Wirtschaftsgeflügelzucht. Heute werden die Rebhuhnfarbigen Italiener vor allem von Liebhabern und ökologisch wirtschaftenden Bauern gehalten.

Das Schwäbisch-Hällische Landschwein
Bis in die 1850er Jahre wurde in Oberbayern bevorzugt das heute ausgestorbene Bayerische Halbrote Landschwein gehalten. Durch die Kreuzung mit einer aus England importierten Sattelschweinart züchtete man das sogenannte Schwäbisch-Hällische Landschwein, später so benannt aufgrund seiner starken Verbreitung rund um Schwäbisch Hall. Diese fruchtbarste aller Schweinerassen ist robust, genügsam und an die regionalen Verhältnisse angepasst. Merkmale sind der schwarze Kopf und das schwarze Hinterteil, ein langgestreckter Körper, große Schlappohren und der lange Rüssel.

Die Forderung der Landwirte nach einem „industriegerechten deutschen Einheitsschwein" wurde in den 1960er Jahren immer stärker. So begann allmählich die Verdrängung alter Rassen, die Zuchtbuchführung wurde eingestellt. Bald galt das Schwäbisch-Hällische Landschwein als ausgestorben. Doch ein paar wenige Hohenloher Bauern besaßen noch solche Schweine und schlossen sich zusammen. So erreichten sie durch die Gründung eines Zuchtverbands und mithilfe intelligenter Vermarktung in den 90er-Jahren den Wiederaufschwung in der Zucht dieser Rasse.

Bunte Deutsche Edelziege

Diese Rasse stammt vermutlich aus einer Kreuzung der gamsfarbigen-Alpenziege aus der Schweiz und der bodenständigen Landziege.
In Deutschland kommen zwei Ziegenarten vor, der Anteil der Bunten Deutschen Edelziege, vorwiegend in Süddeutschland verbreitet, beträgt 70 % (nicht gefährdet).

Ihre Kennzeichen sind ein kurzes und glattes Haarkleid in mittel- bis dunkelbrauner Farbe mit schwarzem Aalstrich, Unterbauch und Schienen sind ebenfalls schwarz. Die Ziegen können sowohl hornlos als auch behornt sein. Die Bunte Deutsche Edelziege gibt jährlich eine Milchmenge, die etwa dem 20-fachen ihres Körpergewichtes entspricht. Deshalb gilt sie auch als „Kuh des kleinen Mannes". Die Milch wird von Kuhmilchallergikern sehr geschätzt.

Die Landschaftspflege nutzt die Vorliebe der Tiere, Gehölz zu verbeißen: beispielsweise kann man verbuschte Flächen durch den Einsatz von Ziegen offen halten.

Abendstimmung an der Glentleiten,
im Hintergrund der Herzogstand.

Das Bauernhausmuseum Amerang

Das Bauernhausmuseum Amerang, Zweigmuseum des Freilichtmuseums Glentleiten, konzentriert sich auf die Darstellung ländlichen Bauens, Wohnens und Wirtschaftens im Chiemgau und im Rupertiwinkel.

Umgeben von Grünlandflächen, Feldgehölzen und Bachläufen birgt das Museumsgelände original eingerichtete Bauernhäuser, darunter den einzigen Vierseithof in einem oberbayerischen Freilichtmuseum. Kunstvoll verzierte Bundwerkstadel, historische Arbeitsstätten und technische Anlagen wechseln sich hier mit Streuobstwiesen und Bauerngärten ab und sollen beispielhaft und lebendig Geschichte vermitteln.
Im Blickpunkt stehen Tradition und historischer Wandel der Gesellschaft im östlichen Oberbayern von der frühen Neuzeit bis zur Gegenwart.

Von Ende März bis Anfang November lädt das Museum zum Mitmachen, Entspannen und Innehalten in schöner Umgebung ein.

Eines der ältesten Bauernhäuser Altbayerns ist der Holzmann-Hof aus Taching von 1567. Er kam 1972 als erstes Gebäude in das Museum.

Im Häuslmann-Hof aus Aschau ist die größtmögliche Originalität an Bausubstanz und Einrichtung im Ameranger Museum zu sehen.

Das modern gestaltete Eingangsgebäude wurde 2002 über den Ameranger Bach gebaut.

Blick in die Knechtkammer des Vierseit-Hofs aus Bernöd: Karten- oder Brettspiele waren als Zeitvertreib früher sehr beliebt.

Adresse

Bauernhausmuseum Amerang
des Bezirks Oberbayern
Im Hopfgarten 2
83123 Amerang

Kommunikation

Telefon 08075 91509-0
Telefax 08075 91509-30
verwaltung@bhm-amerang.de
www.bhm-amerang.de
www.facebook.com/bauernhaus-museum.amerang

Glossar

Glossar

Aussteuer
Auch Heiratsgut, Mitgift; Vermögen, Güter und Ausstattung für den zukünftigen Haushalt, die die Braut in die Ehe einbrachte.

Austrag
Notariell abgesicherte Bedingungen für die Hofübergabe. Da es bis ins ausgehende 19. Jahrhundert hinein keine allgemeine Altersversorgung gab, wurde diese in privaten Verträgen bis ins letzte Detail geregelt. Hierzu gehörten Nahrung und Kleidung sowie das Recht auf eigenen Wohnraum und Wärme im Winter. Austrag bezeichnet ferner die Räumlichkeiten für die „Austragler". Nur auf großen Anwesen konnte man ein eigenes Austragshäusl errichten, oft in Verbindung mit Backofen, Werkstatt oder Waschhaus. Meist musste ein Austragsstübl oder eine → Kammer genügen.

Berechtigungsalm
Alm im staatlichen Besitz, musste nach festgelegten Regeln bewirtschaftet werden

Biberschwanzdeckung
→ Dachdeckung

Blockbau
Massivbauweise in Holz, bei der die Wände aus Baumstämmen, rund oder behauen, aufgeschichtet werden. Stabilität entsteht durch die Eckverbindungen, für die verschiedene Techniken verwendet wurden (Verkämmung, Verblattung). Entwicklungsgeschichtlich jünger als → Ständerbau. Werkzeugtechnische Voraussetzungen erst in der Bronzezeit gegeben. Zunächst auf den Alpenraum beschränkt, für den Hochbau dort aber erst ab ca. 1000 n. Chr. dominierend. Klimageographische Voraussetzungen: Blockbau benötigt viel geradstämmiges, leicht zu bearbeitendes Nadelholz, z. B. Fichte, Tanne. Diese wachsen bevorzugt im feucht-kalten Klima der alpinen oder Mittelgebirgszonen. Dementsprechend Blockbau in Bayern ursprünglich nur im Alpenrandgebiet. Erst in der Neuzeit allmählich Ausbreitung ins Flachland; hier wiederum im Osten stärker als im Westen.

Brotrehm
Gestell zur Aufbewahrung von Brotlaiben

Bundwerk
Sichtbare Zimmermannskonstruktion an Giebel- oder Scheunenwand, wobei die Anordnung von Verstrebungen über das statisch notwendige Maß hinaus zur Schmuckform weiterentwickelt wurde.

Dachdeckung

Deckungsmaterial: abhängig von natürlichen Voraussetzungen (Klima, Geologie). Bei entsprechenden geologischen Vorkommen Natursteinplatten (Gneis, Kalk- oder Tonschiefer) oder aus Ton gebrannte Dachziegel (Ziegeldeckung); ansonsten Holzschindeln (Leg- bzw. Nagelschindeldeckung) oder Stroh bzw. Reet (Strohdeckung). Konstruktion stets nach dem gleichen System: Sparren oder →Rafen tragen längslaufende Stangen (Dachlatten), auf denen Deckungsmaterial aufgelegt und ggf. befestigt wird. Einzelelemente der Deckung (Ziegel, Schindeln, Strohbüschel) liegen in horizontalen Reihen schuppenartig übereinander, so dass eindringendes Regenwasser durch die nächst unteren Schichten immer wieder nach außen geleitet wird. Vorhandenes Deckungsmaterial bedingt die Dachneigung und damit die Konstruktion des Dachstuhls. Verbreitete Dachdeckungen in Südbayern:

- Legschindeldeckung: gespaltene Holzschindeln, die auf die Dachkonstruktion gelegt und mit Stangen und Steinen beschwert werden; nur geringe Dachneigung möglich
- Nagelschindeldeckung: gespaltene Holzschindeln, die mit Nägeln an die Dachkonstruktion befestigt werden
- Biberschwanzdeckung: flache, an der Unterkante oft halbrunde Dachziegel, die in zwei überlappenden, seitlich um jeweils einen halben Ziegel versetzten Lagen auf die Dachkonstruktion gelegt werden; halten auch bei steilen Dächern sehr gut
- Falzziegeldeckung: Dachziegel, die sich nur am äußeren Rand überlappen; keine zwei Lagen mehr erforderlich; seit Mitte 19. Jh.

Dachstuhlkonstruktion

- Pfettendach: Sammelbegriff für vielfältige Formen einer unterstützten Dachstuhlkonstruktion, bei der die Dachlast (Eigengewicht, Schnee) von horizontalen, längslaufenden Balken, den Pfetten getragen wird; über den Seitenwänden die Traufpfetten, im First die Firstpfette, ggf. dazwischen eine oder mehrere Mittelpfetten. Die →Rafen (auch Rofen) liegen lose auf den Pfetten auf, nur durch Holznägel gesichert oder paarweise am First zusammengehängt (nur auf Biegung beansprucht). Nach der Richtung der Unterstützung unterscheidet man stehende, abgestrebte und liegende Pfettendächer. Erlaubt alle Dachneigungen, zusammengesetzte Grundrissformen und Dachverschneidungen sind möglich.

· Sparrendach: Freitragende Dachstuhlkonstruktion: Dachlast wird durch Sparren, vom First zur Traufe verlaufende Hölzer im Abstand von 80 – 120 cm, abgeleitet. Jedes Sparrenpaar steht auf einem Deckenbalken und bildet mit diesem zusammen ein Kräftedreieck; d. h. Sparren schieben am Dachfuß nach außen (Druck), werden vom Deckenbalken zusammengehalten (Zug). Daher nur für steilere Dächer über 40 Grad. Es verlangt mehr technisches Können als das primitivere Pfettendach. Sparren stets paarweise angeordnet und am First verbunden, in Enden der Deckenbalken kraftschlüssig mit Versatz eingezapft. Etwa auf halber Höhe verbindet ein horizontaler „Kehlbalken" beide Sparren und steift sie gegeneinander aus. Größere Dächer haben einen Dachstuhl zur Unterstützung der im Dachraum eingezogenen Zwischenböden sowie zur Queraussteifung der Sparrendreiecke.

Dendrochronologie
Methode zur Altersbestimmung von Holz anhand seiner charakteristischen Jahrringfolge

Dreifuß
Eisernes Küchengerät, auf das man Pfannen und Kessel stellt

Erbrecht
Form des bäuerlichen Besitzrechts, das auf die Erben überging und nur bei Misswirtschaft entzogen werden konnte, der Grundherr durfte es nicht anderweitig vergeben.
Der Bauer hatte eine gewisse Verfügungsgewalt über das Gut und konnte seinen Besitz verkaufen, vertauschen, verschenken oder belasten. In Bayern in einem Erbrechtsbrief festgelegt, dessen Bedingungen zwischen Grundherren und Bauer frei vereinbar waren.

Falzziegeldeckung
→Dachdeckung

Gefache
Räume zwischen den rahmenden Hölzern eines Hauses in Fachwerk- oder →Ständerbauweise, die mit verschiedenen Baustoffen aufgefüllt werden z. B. Lehmflechtwerk oder Ziegel.

Gute Kammer
Auch „schöne Kammer" genannt; wertvoll ausgestattete Schlaf-

kammer, meist im OG des Bauernhauses. Hier standen die reichverzierten Möbel der Brautausstattung, der Raum wurde selten zum Schlafen benutzt, sondern diente in erster Linie zur repräsentativen Aufbewahrung der →Aussteuer und anderer kostbarer Dinge.

Höllhafen
In den gemauerten oder gekachelten Ofen eingelassenes Gefäß (Keramik, Kupfer oder Gusseisen) zur Warmwasserbereitung. Die Bezeichnung leitet sich her von der „Ofenhölle", der warmen Nische zwischen Ofen und Wand.

Inleute
Personen, die im Haus oder im Nebenhaus eines größeren Anwesens wohnten und dafür Miete zahlten oder für den Besitzer des Anwesens Arbeitsdienste leisteten.

Kalkschlämme
Grundierung aus Löschkalk, der mit Wasser und Sand vermischt wird

Kammer
Hauskundliche Bezeichnung für alle nicht heizbaren Räume des Bauernhauses, die zum Aufenthalt von Menschen (z. B. Schlafkammer) oder zur Aufbewahrung von Geräten oder Vorräten bestimmt sind.

Kaser
Almhütte (wohl abgeleitet von lat. casa = Hütte, Häuschen), im eigentlichen Sinn nur der Innenraum zum Schlafen und Wohnen

Klafter
Regionales Maß von unterschiedlicher Größe, v. a. für Holz. Meist gebraucht für gespaltenes Stammholz.
· Holzmaß (Waldklafter) = 3 Ster = 3,13 cbm oder
· Flächenmaß (Normalklafter) = 1 Quadratklafter = 36 Quadratfuß = 3,132197 qm oder
· Längenmaß (bayer. Klafter) = 3 Ellen = 6 Fuß = 1,751 m

Kleinhäusler
Inhaber eines kleinen Anwesens ohne oder mit wenig Grundbesitz

Kniestock
Kniehohe, senkrechte Wand auf der Längsseite des Hauses zur Erzielung eines größeren und besser nutzbaren Dachraums, auch halbhohes Geschoss unter dem Dachraum

Kornkasten
Andere Bezeichnung für Getreidekasten; ein Lagerraum für ausgedroschenes Vorrats- und Saatgetreide.

Kreister
Bettstelle in einer Almhütte

Kranzkuh
Leitkuh, die beim Almabtrieb besonders aufwendig geschmückt ist

Kutte
→Rauchabzug

Legschindeldeckung
→Dachdeckung

Nagelschindeldeckung
→Dachdeckung

Ofen
Rauchfreie Heizmöglichkeit für die →Stube, der von einem anderen Raum (meist Küche) aus eingeheizt wurde und dorthin seinen Rauch entließ (Hinterlader). Früheste Formen als gemauerte Öfen mit Kuppel- oder →Tonnengewölbe. Im Bauernhaus ab ca. 17. Jh. auch als Kachelofen, meist kubische Form, manchmal mit zylindrischem oder kuppelförmigem Aufsatz. Ab dem 19. Jh. vor allem im nördlichen Oberbayern, Feuerungsraum aus ornamentierten Eisenguss-Platten, darüber gekachelter Aufsatz. Weit verbreitet war der →Sparherd, bei dem das Feuer unter einer gusseisernen Platte brennt. Diese hat eine oder mehrere kreisrunde Öffnungen, in die Töpfe und Pfannen eingesetzt werden konnten. Meist kombiniert mit Backrohr, →Wassergrand, manchmal auch mit (separat befeuertem) Waschkessel. Ab Mitte 19. Jh. tritt der →Sesselofen auf, eine Kombination von Kachelofen und Sparherd. Damit verlagerte sich das Kochen in die Stube, zumal damals in der Küche noch weitgehend offenes Feuer und →Deutscher Schlot vorherrschten. Der Sesselofen war typisch für das Wohnen sozial niedriger Schichten (Kleinbauern, Austragler), aber auch in größeren Höfen anzutreffen. Ab dem 20. Jh. unter bürgerlichem Einfluss auch im Bauernhaus turmartiger Kachelofen („Berliner Ofen"). Die beiden letztgenannten Typen wurden meist von der Stube aus befeuert (Vorderlader). Sonderentwicklung ab Anfang 20. Jh.: transportable Zimmeröfen aus Eisenguss oder Kacheln (in Eisenrahmen), so dass nun auch andere, kleinere Räume beheizt werden konnten.

Ornamentfriese
Streifenförmiger, waagrechter Wand- oder Deckenschmuck

Pfettenbrettchen
Meist mit Laubsägeornamenten verzierte Bretter, die vertikal an den Pfetten angebracht sind und als Witterungsschutz dienen

Pfettendach
→ Dachkonstruktion

Rafen/Rofen
→ Dachkonstruktion

Rauchabzug
Im ursprünglich eingeschossigen Bauernhaus entwich der Rauch der Feuerstätten frei in den Dachraum. Als die Häuser ab dem 16./17. Jh. zweigeschossig wurden, mussten die → Kammern im Obergeschoß vor dem Rauch geschützt werden. Es entstand die „Hur": Gezimmerter oder aus verputztem Flechtwerk hergestellter raumhoher Kasten ohne Boden und Decke; leitete den Rauch des offenen Feuers von der Küche (Rauchküche) ins Dach (Rauchhausanlage). Eine von der Küche aus zu betätigende Klappe („Hurluck") in der Dachfläche sollte den Rauchabzug verbessern. Eine Rauchkutte aus Holzbohlen oder lehmverputztem Flechtwerk verhinderte den Funkenflug ins Dachgeschoß, wo Heu und Getreidegarben lagerten.

- Deutscher Schlot: Ab 18./19. Jh. Ein großer Rauchfang über dem offenen Herd sammelt den Rauch und führt ihn durch einen sich verjüngenden Schacht über das Dach hinaus. Relativ großer Querschnitt, schwacher Zug, Kaltlufteinfall. Zum Reinigen von innen besteigbar; Material: Holzbohlen, verputztes Flechtwerk, meist jedoch Mauerwerk.
- Russischer Schlot: Setzte sich im oberbayerischen Bauernhaus erst ab Beginn des 20. Jhs. durch. Geschlossener Schornstein, steht neben dem Herd und führt mit gleichmäßigem, relativ geringen Querschnitt übers Dach. Starker Zug, Anschluss von Sparherden und Öfen mit eingebauten Zügen möglich. Reinigung von außen.

Rauchhausanlage
→ Rauchabzug

Rauchhur
→ Rauchabzug

Rauchküche
→ Rauchabzug

Remise
Schuppenartiges Gebäude zum Einstellen von Wägen und Geräten. Meist mit einem anderen Gebäude kombiniert (z. B. Getreidekasten) oder in Scheune integriert.

Rodungsinsel
Ein innerhalb eines fortbestehenden Waldstücks durch Rodung freigelegtes Stück Land

Schlot
→ Rauchabzug

Schopfwalmdach
Hat im Gegensatz zum Satteldach nicht nur auf der →Traufseite, sondern auch auf der Giebelseite eine geneigte Dachfläche. Beim Schopfwalmdach nimmt die geneigte Dachfläche nur den obersten Bereich ein, der Giebel bleibt erkennbar. Meist als Pfettendach konstruiert.

Schupfen
Wirtschaftsgebäude zur Unterbringung von landwirtschaftlichen Geräten, Werkzeug, Brennholz o. ä.

Sesselofen
→Ofen

Sölde
Hofstätte, ursprünglich nur Wohnung, Haus, Herberge, dann kleines bäuerliches Anwesen, Inhaber lebte vom Zuverdienst (Taglöhner)

Spannbett
Tragbares, frei stehendes Gestell, dessen „Matratze" durch gespannte Stränge hergestellt wird

Sparherd
→Ofen

Sparrendach
→Dachkonstruktion

Stadel
Süddeutsche Bezeichnung für Scheune; Lagerraum für Heu und/ oder Getreide.

Ständerbau
Sammelbegriff für Holzkonstruktionen, bei denen im Gegensatz zum Massivbau (Mauerwerk, →Blockbau) die vertikalen Lasten durch in regelmäßigem Abstand angeordnete Holzstützen (Ständer) abgefangen werden. Ständer ursprünglich auf große Steine, später auf durchgehende Schwelle aufgelagert; oben durch ein horizontales „Rähm" zusammengefasst. Längsaussteifung durch zwischen Rähm und Schwelle eingefügte diagonale Streben oder durch Kopf- bzw. Fußbänder. Ausbildung der Wandfläche durch verputztes Flechtwerk, Mauerwerk, Verschalung mit Brettern oder durch zwischen die Ständer eingenutete Bohlen (Bohlenständerbau). Eine besondere Form des Ständerbaus ist das →Bundwerk.

Stelzen
Schleifeinrichtungen bei der Wetzsteinherstellung, die ab 1846 den Rundschliff mechanisierten.
In den hölzernen Stelzen wurden die Wetzsteinrohlinge durch Stelzenmodeln aus sehr hartem Sandstein oder Granit an den Seiten rundgeschliffen.

Stratigraphie
Methode zur Datierung von farblich gefassten Gegenständen anhand

der Strukturuntersuchung von Farbschichten

Streuhütte
Schuppen zur Aufbewahrung von Viehstreu

Stube
Rauchfrei heizbarer Raum; zentraler Arbeits- und Aufenthaltsraum im süddeutschen Bauernhaus

Tagwerk
Ursprünglich Arbeitsmaß, dann Flächenmaß; Wiese die an einem Tag von einem Mann gemäht werden konnte, später Ackergröße, die man an einem Tag mit 4 Pferden bestellen konnte. Je nach Region und geographische Lage unterschiedliche Größen; in Bayern: 1 Tagwerk = 1 Morgen Land = 100 Dezimal = 3407 qm

Tenne
Teil der Scheune, der zum Einfahren und Abladen der Erntewagen bzw. vor allem zum Dreschen benutzt wurde. Liegt ursprünglich ebenerdig, quer hinter Wohnteil (Mittertennbau) oder Stall. In Hanglagen erleichtert die Hochtenne im OG die Einfahrt von der Bergseite (Quer- oder Längstenne möglich). Bei ebenerdiger Lage ursprünglich Boden aus gestampftem Lehm; später, vor allem bei der Hochtenne, stabiler Boden aus kräftigen Bohlen, die durch eine eigene Unterkonstruktion zusammengespannt werden, so dass keine Fugen entstehen können. Seitlich angebrachte, ca. 80 cm hohe Bohlenwände verhindern, dass das Korn beim Dreschen in die Bergeräume fällt. Umgangssprachlich bezeichnet Tenne häufig die gesamte Scheune.

Tennkastl
Kleiner Getreidekasten in der Scheune, meist unmittelbar an der →Tenne gelegen

Tonnengewölbe
Gewölbe mit halbkreisförmigem, segmentbogigen oder spitzbogigen Querschnitt. Gehört zu den einfachsten Gewölbeformen.

Translozierung
Versetzung ganzer Gebäude z. B. in ein Museum; Abbau wird fotografisch, zeichnerisch und schriftlich dokumentiert, anschließend möglichst originalgetreuer Aufbau

Transmission
Kraftübertragung mittels lederner Treibriemen, die über hölzerne oder gusseiserne Riemenscheiben laufen; auch über weitere Entfernungen möglich (z. B. bei Mühle oder Säge: Übertragung der vom →Wasserrad erzeugten Kraft auf Mahlgang oder Sägegatter). Vorteile gegenüber direktem Zahnradantrieb:

Einfache Herstellung und Wartung, geringe Reibungsverluste, leichtes Ein- und Auskuppeln.

Traufseite
Längsseite eines Hauses, an der sich die Dachtraufe, der Regenabfluss befindet; Gegenstück dazu ist die Giebelseite

Viertelhof
Bäuerliche Anwesen wurden zur Bestimmung der Abgaben und Arbeitsdienste der Größe und Ertragsfähigkeit nach eingeteilt in (im 18. Jh.): ganze Höfe (1/1 Hof), halbe bzw. 1/3 Höfe (Huben), Viertelhöfe bzw. 1/6 Hof (Lehen, Gütl), Bausölde (1/8-Hof) und Leersölde bzw. Leerhäusl (1/16 – 1/64-Hof).

Wassergrand
Allgemein: Ortsfestes, aufgemauertes oder aus Naturstein gehauenes großes Gefäß für Trinkwasser; speziell: Zur Warmwasserbereitung im Herd („Grandl", Wasserschiff) oder Ofen eingebauter Behälter aus Blech oder Gusseisen

Wasserrad
Wasserräder können je nach Bauart unterschiedliche Wirkungsgrade erzielen.

- Beim oberschlächtigen Wasserrad strömt das Wasser durch eine Rinne oder ein Rohr auf den Scheitelpunkt des Rads und treibt es durch sein Gewicht an.
- Beim mitterschlächtigen Wasserrad trifft das Wasser auf Nabenhöhe auf das Rad und treibt es durch Gewicht und Strömung an.
- Beim unterschlächtigen Wasserrad fließt das Wasser unter dem Rad durch und treibt es durch die Strömung an.

Wiesbaum
Auch Heubaum; entrindeter Baumstamm, der der Länge nach über dem beladenen Heuwagen befestigt wurde, um die Ladung beim Transport zu sichern

Zuhaus
Nebengebäude, meist mit Wohnung für →Austrag; oft kombiniert mit Backhaus, Waschküche oder Werkstatt

Adresse
Freilichtmuseum Glentleiten
des Bezirks Oberbayern
An der Glentleiten 4
82439 Großweil

Kommunikation
Telefon 08851 185-0
Telefax 08851 185-11
freilichtmuseum@glentleiten.de
www.glentleiten.de
www.facebook.com/glentleiten

Öffnungszeiten
Josefi (19. März) bis Martini (11. November)
Di. bis So. sowie an allen Feiertagen und
Kirchweihmontag 9.00 bis 18.00 Uhr geöffnet,
nach Kirchweih bis 17.00 Uhr
Juni bis September auch montags geöffnet

Anfahrt PKW
A 95: München – Garmisch-Partenkirchen,
Ausfahrt Kochel/Murnau Richtung Großweil
B 11: Abzweigung in Kochel,
über Schlehdorf und Großweil
B 2: Abzweigung in Murnau oder Ohlstadt
über Großweil.

Anfahrt mit öffentlichen Verkehrsmitteln
DB Murnau oder Kochel, mit Bus (RVO-Oberbayern) nach Großweil oder Schlehdorf.
April bis Oktober mit Bus direkt bis zum Museum.

Freundeskreis
Freilichtmuseum
Südbayern e.V.

Der Verein „Freundeskreis Freilichtmuseum Südbayern e.V." ist wegen Förderung der Volksbildung vom Finanzamt Garmisch-Partenkirchen als gemeinnützig und besonders förderungswürdig anerkannt. Werden auch Sie Mitglied und unterstützen Sie diese kulturelle Aufgabe!
Als Freundeskreismitglied haben Sie viele Vorteile:

- Freier Eintritt ins Museum, beliebig oft im Jahr
- Einladung zu allen Sonderveranstaltungen
- Regelmäßige Information über die Museumsarbeit
- Kostenloser Bezug des Jahrbuchs für die oberbayerischen Freilichtmuseen Glentleiten und Amerang
- Fahrten zu Freilichtmuseen und volkskundlich interessanten Zielen
- Ermäßigter Eintritt im Bauernhausmuseum Amerang

Weitere Informationen finden Sie im Internet: www.glentleiten.de

Bildnachweis

Bezirk Oberbayern, Archiv Freilichtmuseum Glentleiten

Mögliche Rechteinhaber werden aufgefordert, ihre Ansprüche beim Bezirk Oberbayern anzumelden. Wenn nichts anderes vermerkt ist, stammen die Bilder aus den Archiven des Freilichtmuseums Glentleiten beziehungsweise des Bauernhausmuseums Amerang.

Christian Bäck: S. 73, 180, 181 m., 200, 221 o., Rückseite; Jochen Eckert: S. 116, 117, 243, 254/255; Maira Falconi: S. 247 r.o., 253; Ralf Gerard: S. 206; Heike Inanger: S. 8, 12/13, 19, 24, 26/27, 54 o., 55, 75 u., 81 u., 89, 97, 98, 102/103, 137 u., 150, 154/155, 167 o., 194 u., 201, 203, 210, 229 u., 233, 234, 236, 239, 248/249; Helmut Keim: S. 28, 29, 52, 82, 109, 110, 111, 114; Christian Kolb: S. 182 l.; Andreas Koop: S. 38 r., 99; Anton Koppelbauer: S. 148; Kilian Kreilinger: S. 250/251; Andreas Linke: S. 151; Gerhard Nixdorf: S. 9, 10, 11, 14, 25, 30, 32, 33, 34, 36/37, 38 l., 39, 40, 41, 42, 43, 44, 45, 46, 47, 48/49, 51, 53, 56, 57, 58, 59, 61, 62, 63, 64, 65, 67, 68/69, 70, 71, 72, 74, 75 o., 77 o., 78/79, 81 o., 83, 84, 85, 86/87, 90/91, 92, 94, 100, 101, 104, 105, 106, 107, 115, 118, 119, 123, 124, 125, 126/127, 128, 129 o., 131, 132, 133, 134, 135, 136, 138, 139, 140/141, 142 o., 143, 144, 145, 146/147, 149, 157, 158, 159, 160, 161, 162, 163, 164 o., 165, 166, 167 u., 168, 169, 170, 171, 172, 173, 174, 175, 176/177, 182 r., 183, 184 u., 185, 186, 188, 189, 190, 191, 192, 194 o.+m., 196, 198/199, 204/205, 207, 208, 209, 211 u., 213, 214/215, 216, 217, 218/219, 220, 222/223, 224, 225, 227, 228, 229 o., 230, 231, 232, 237, 238, 240/241, 242, 244, 245, 247 l.o.+u., 259, 269; Nursen Özlükurt: S. 88, 221 u.; Johanna Pössenbacher: S. 252; Ariane Weidlich: S. 178; Lageplan Seite 183: Staatsarchiv München; Flurkarte Klappenseite: Bayerische Vermessungsverwaltung

Gebäudeübersicht

Infrastruktur

- E1 Eingang, Kasse
- E2 Gaststätte im Bundwerkstadel aus Starkern/AÖ
- E3 Betriebsgebäude, 1.Hilfe
- E5 Biergarten und Kegelbahn beim Salettl aus Staudham/RO
- 18 Kramerladen
- 11 Töpferei

Wohn- und Wirtschaftsgebäude

- 11 Hof aus Sauerlach/M – Töpferei
- 12 Hof aus Hofolding/M
- 13 Hof aus Kochel/TÖL
- 13a Getreidekasten aus Prem/WM
- 13b Backhaus aus Osterhofen/TÖL
- 13c Bienenhaus aus Hohenpeißenberg/WM
- 14 Kleinanwesen aus Höfen/TÖL
- 15 Kleinanwesen aus Kerschlach/WM
- 15a Streuhütte aus Kerschlach/WM
- 16 Kleinanwesen aus Grünwald/M
- 17 Seilerwerkstatt
- 18 Wohnhaus aus Siegertsbrunn/M – Kramerladen
- 18a Getreidekasten aus Portenläng/M
- 18b Backhaus aus Arget/M
- 21 Kleinanwesen aus Brandstätt/RO
- 22 Hof aus Altenbeuern/RO
- 24 Flachsbrechhütte aus Obereck/RO
- 25 Bienenhaus aus Orthofen/RO
- 31 Kleinanwesen aus Rottau/TS
- 31a Backhaus aus Brand/TS
- 32 Hof aus Rottach-Egern/MB (Haupthaus)
- 32a Zuhaus aus Rottach-Egern/MB
- 41 Kleinanwesen aus Thal/TS
- 42 Kleinanwesen aus Straß/BGL
- 43 Kleinanwesen aus Oberteisendorf/BGL
- 51a Zwiehof-Wohnhaus aus Oberau/BGL (im Aufbau)
- 51b Stallstadel aus Ramsau/BGL
- 51c Getreidekasten aus Ramsau/BGL
- 53 Hof aus Schönau/BGL
- 54 Kleinanwesen aus Oberau/BGL
- 61 Wohnhaus aus Tyrlaching/AÖ
- 62 Wohnhaus aus Tyrlbrunn/TS
- 63 Bundwerkstadel aus Steinhart/RO
- 64 Wohnhaus aus Heretsham/TS
- 64a Getreidekasten aus Moosen/TS
- 64b Windrad aus Garching/AÖ
- 65 Bundwerkstadel aus Albaching/RO
- 65a Göpel
- 71 Werdenfelser Heustadel/GAP
- 71a aus Partenkirchen
- 71b aus Wamberg
- 71c aus Gerold

Alm- und Forstwirtschaft

- A1 Hainzenkaser von der Königsbachalm/BGL
- A2 Brunnerkaser von der Mordaualm/BGL
- A3 Doppelkaser von der Mitterkaseralm/BGL
- A4 Hanndlkaser von der Duslaualm/MB
- A5 Weberbauerkaser von der Haidenholzalm/TS
- A6 Hirtenhütte vom Wildfeuerberg/WM
- A7 Forsthütte vom Wieselberg/TS

Sakralbauten, Flurdenkmäler

- S1 Kapelle aus Kirnberg/WM
- S2 Kreuz aus Berg am Laim/M
- S3 Grenzsteine
- S4 Grenzstein

Ländliches Gewerbe und Technik

- T1 Fischerhütte aus Kochel/TÖL
- T2 Sägewerk aus Schönegg/TÖL
- T4 Wetzsteinmacherei aus Unterammergau/GAP
- T5 Getreidemühle aus Fischbach/TÖL
- T6 Sägemühle aus Potzmühle/RO
- T7 Hammerschmiede
- T8 Köhlerei
- T9 Tuffsäge aus Huglfing/WM
- T10 Kalkofen mit Holzlege und Kalkgruben
- T11 Systembauhalle aus Warngau/MB
- T12 Hofmühle aus Unterlandtal/BGL